Stadt- und Regionalplanung

Herausgegeben von P. Koller und J. Diederich

Die Um- und Neugestaltung von Gebieten –

welche den Wohnstätten, Arbeitsplätzen, gemeinschaftlichen und kulturellen Betätigungen, Erholungsmöglichkeiten, aber auch den sozialen Versorgungen und der Aufgabenerfüllung der Planungsträger und Gebietskörperschaften dienen –

wird in unserer pluralen Gesellschaft mit ihren neuartigen Siedlungsformen und wachsenden Verkehrsbedürfnissen zu einer immer komplexeren Aufgabe.
Um diese Leistung von Ordnung und Planung im Raume gesellschaftsbezogen vollbringen zu können, sind in dieser Schriftenreihe Studien zur Methode und Analyse zusammengetragen.

Dichte und Mischung der Bevölkerung

Raumrelevante Aspekte des Sozialverhaltens

von

Peter Atteslander

unter Mitarbeit von
Klaus Baumgartner, Frank Hollihn,
Walter Zingg, Gisela Zipp

Walter de Gruyter · Berlin · New York 1975

Dr. *Peter Atteslander*
o. Professor für Soziologie an der
Universität Augsburg

Satz und Druck: Oberbayerisches Volksblatt, Rosenheim. Bindearbeiten: Dieter Mikolai, Berlin. — Printed in Germany.

ISBN 3 11 004695 4

Vorwort der Herausgeber

Es ist als glücklicher Umstand zu deuten, daß kurz vor Erscheinen dieser Studie die Experten auf dem Gebiet der Bevölkerungspolitik aller Nationen, und zwar auf Veranlassung der Vereinten Nationen, zu einer Welt-Bevölkerungskonferenz in Bukarest zusammentraten.
Die Diskussionen auf diesem Weltkongreß, an dem sich Vertreter sehr vieler Länder aus Ost, West und der Dritten Welt beteiligten, ließen klar erkennen, daß es von biologischer Seite her keine einheitliche Regelung zur Lösung der Bevölkerungsfrage in sozial unterschiedlich strukturierten Gebieten der Welt gibt und aller Wahrscheinlichkeit nach auch nie geben wird. Dieser Kongreß der Vereinten Nationen in Bukarest 1974 zeitigte vielmehr als wichtigstes Ergebnis, daß ökonomische und soziale Positionen weltweit bestimmende Faktoren für die Absicherung der Versorgung aller Menschen sind, wobei sowohl die gegenwärtige Bevölkerungszahl als auch die noch zu erwartenden unterschiedlichen Zunahmen, aber auch Abnahmen in einigen Teilen der Erde keine Rolle spielen werden.
Damit tritt der Raum und dessen Art der Besiedlung und Nutzung für den Menschen für Bevölkerungsfragen als zentrales Planungsproblem wieder dominierend in den Vordergrund. Dieses ist jedoch nicht mehr aus dem Blickwinkel überwundenen Besitzdenkens des 19. und auch noch 20. Jahrhunderts, sondern überwiegend im Zusammenhang mit dem auch heute noch sehr unterschiedlichen Sozialverhalten des Menschen sowohl von Nation zu Nation als auch innerhalb staatlicher politischer Gebilde zu sehen.
Und gerade an dieser Stelle zur raumbezogenen Planung ist die hier angebotene Arbeit von Peter Atteslander und seinen vier Mitarbeitern anzusetzen. Sie ist von eminenter Bedeutung, weil ein entsprechender Ansatz bisher in der Fachliteratur fehlt, und weil vor allem der Frage nachgegangen worden ist, ob und wie Richtwerte bei raumbezogenen Planungen zur Anwendung zu bringen sind. Aus soziologischer Sicht sind diesen technischen Richtwerten heute hohe Flexibilität zu verleihen. Denn wenn diese Flexibilität möglich ist, kann die Bevölkerung mit ihren sich ständig verändernden Strukturen sowohl in quantitativer als auch qualitativer Hinsicht zur Grundlage von Raumordnung und -planung gemacht werden und diese damit aus dem technokratischen Banne, in dem die Planung sich immer noch sehr stark befindet, herausgelöst werden.
Auch vertieft diese Studie das Problembewußtsein für Bevölkerungsfragen gerade dort, wo Zusammenhänge mit Raumnutzung, -ordnung und -planung bestehen und aufzuzeigen sind.
Es gibt keine einmaligen, in allen Situationen gültigen Lösungen von Bevölke-

rungsproblemen. Längst hat sich die Erkenntnis allseitig durchgesetzt, daß auftretende Bevölkerungsprobleme und deren negative gesellschaftliche Folgen nur durch Vorantreiben der sozialen Entwicklung in allen Lebensbereichen, aber auch allen räumlichen Gebieten gelöst werden können.

„Dichte und Mischung" will keine Lösung dort anbieten, wo Über- bzw. Unterbevölkerung in regionalen Einheiten auftritt, sondern einen soziologisch-empirisch überprüften methodischen Ansatz liefern, um diese zentrale Problematik mit in die erforderlichen raumordnenden Tätigkeiten unseres Zeitalters einzubringen. Nur dann ist überwiegend technokratisch orientierte Planung zu sozialer Entwicklungsplanung zu transformieren und prozeßhaft zu gestalten, um für die stets verändernden menschlichen Bedürfnisse auch nützlich zu sein.

Wenn „Dichte" von Bevölkerungen als Reizhintergrund und deren „Mischung" als gesellschaftlicher Funktionswert feststellbar sind, dann ist nicht mehr der einzelne Mensch als Organismus, sondern als soziales Wesen, also in seinen sozialen Bindungen schlechthin angesprochen.

Wir kommen aber nicht mehr umhin, das „Dichte"-Erlebnis des Menschen den kognitiven Werten — die obendrein quantitativ nicht exakt meßbar sind — zuzuordnen. Schon aus dieser Überlegung heraus ist als glücklicher Griff des Verfassers zu werten, „Dichte" zusammen mit dem sozialen Verhalten des Menschen überhaupt einer Prüfung zu unterziehen und die erzielten Ergebnisse mit Raumordnung und -planung in Beziehung zu bringen.

Bei der Suche nach „Mischungen" aus soziologischer Sicht wird vom Autor auch die unterschiedliche und sinnvolle Nutzung von Verkehrskapazitäten in Städten und regionalen Gebieten angesprochen, zumal diese im heutigen Verstädterungsprozeß den Kommunalpolitikern zunehmend Sorgen bereiten. Und immer wieder zeigt sich, daß soziographische Vertiefung raumbezogener Planungen sehr vonnöten ist. Diese zu erstellen, bietet das Buch wichtiges Arbeitsgerät.

Auch Wertmöglichkeiten und Grenzen der Verwendung technischer Dichtewerte sind soziologisch überprüft. Gleichzeitig werden die Schwierigkeiten aufgezeigt, die sich bei der Anwendung in der Planung und Praxis ergeben, wenn Flexibilität als unbedingt gewünscht vorangestellt wird.

Diese wenigen Hinweise mögen genügen, den besonderen Charakter dieses Buches für Planungspraxis und Planungstheorie zu akzentuieren, um es in die Hände all derer zu wünschen, die planend tätig sind oder in politischer Ebene in Planungsfragen Entscheidungen zu treffen haben, wenn es um die Ordnung des Raumes zum Wohle seiner Bewohner und damit zur Förderung der Lebensqualität des Menschen insgesamt geht.

Berlin — Arriach, Sept. 1974

Jul Diederich
Peter Koller

Inhalt

Vorbemerkung

Ziel dieser Arbeit ist eine Darstellung sozialwissenschaftlicher Grundlagen zur Beurteilung der Probleme von Dichte und Mischung der Bevölkerung in städtischen Siedlungsgebieten. Obwohl theoretische Erörterungen im Vordergrund stehen, ist dieses Buch für die Praxis geschrieben: Gerade weil systematische Befunde weitgehend fehlen, müssen Hypothesen formuliert werden, die mit der heutigen Planungspraxis zu konfrontieren sind.

Vor der Dringlichkeit vieler Aufgaben, die durch die Raumplanung zu lösen sind, scheint uns jeder vorläufige Entwurf zweckdienlicher zu sein als das Warten auf Endgültiges: Wenn sich die Auseinandersetzung mit unseren Ansichten durch Planer und Sozialwissenschaftler in die Förderung weiterer Forschung umsetzen läßt, ist ein weiteres Ziel unserer Arbeit erreicht. Es scheint uns müßig, auf eine umfassende Planungstheorie zu warten, die jedem Zweifel enthoben wäre, weil diese Haltung weder Voraussetzung für rationales planerisches Handeln sein könnte, noch die dringend notwendige Diskussion über gesellschaftspolitische Ziele der Planung erlauben würde.

Die vorliegende Arbeit über ein spezielles Thema der Raumplanung möge des weiteren als Beleg dafür gelten, daß weder übertriebene Erwartungen an die Sozialwissenschaftler praktikable Zusammenarbeit ermöglichen, noch die Ignoranz empirischer Befunde uns in diesem Gebiet weiterbringt.

An einem ersten Bericht, der im Auftrage des Fachausschusses für Planung des Instituts für Orts-, Regional- und Landesplanung an der ETH Zürich verfaßt wurde, hat Herr lic. rer. pol B. Röthlin mitgewirkt. Für die kritische Durchsicht des ursprünglichen Manuskriptes danke ich Prof. Dr. Jakob Maurer, Leiter der Ausbildung am erwähnten Institut. Die vorliegende Fassung stellt eine Umarbeitung dar. Wertvolle Anregungen erhielten wir durch die Studenten des Studienschwerpunkts Planungssoziologie an der Universität Augsburg: ihr sozialpolitisches Engagement bestärkte uns, diese Vorschläge der Diskussion auszusetzen.

Augsburg, November 1974 — Peter Atteslander

1. Bedingungen der Planungspraxis

Entleerung – Ballung – Dichte: Die räumliche Verteilung der Bevölkerung wandelt sich rapide. Während noch vor Jahrzehnten die Entwicklung vornehmlich im Spannungsfeld der Pole Land-Stadt betrachtet wurde, beschäftigen uns heute immer mehr die Probleme der Ballungsräume. Die Agglomeration ist zweifellos Prüfstein für politische und räumliche Entwicklungsplanung.

Praktisch sind sich alle Bevölkerungsprognosen darüber einig, daß in industrialisierten Ländern in Zukunft immer mehr Menschen in Ballungsräumen wohnen werden. Gleichzeitig „verstädtert" die Gesamtgesellschaft, wenn darunter das insgesamte Sichausbreiten eines urbanen Lebensstils verstanden wird.

Längst sind deshalb Begriffe wie „Land" und „Stadt" nicht mehr antinomisch aufzufassen. Allenfalls müssen wir uns ein Kontinuum vorstellen zwischen Entleerung und Ballung, wobei die Umschichtung der Bevölkerung keineswegs einheitlich verläuft und nicht allgemein von Entleerung weiter Landgebiete gesprochen werden darf. Wenn wir des weiteren nicht nur Prozesse untersuchen, sondern Strukturen, wenn wir nach Merkmalen der Dichte der Bevölkerung pro Flächeneinheit fragen, kompliziert sich das Bild noch mehr. Je nachdem wie wir ein Gebiet abgrenzen, können wir extrem hohe Dichten in sogenannten ländlichen Bezirken feststellen und extrem niedrige Dichten etwa in den Citys großer Städte.

Betrachten wir statistische Dichtewerte, sagen diese wenig aus, wenn wir sie nicht mit verschiedenen anderen Merkmalen der Bevölkerung in Beziehung setzen. Rein gefühlsmäßig hält man extrem niedere und extrem hohe Dichten für unerwünscht: Bei extrem niederen Dichten wird auf die Gefahr der Isolierung des einzelnen Menschen geschlossen, bei extrem hohen auf Vermassung. Auch die Begriffe „Isolierung" und „Vermassung" bedürfen im folgenden der kritischen Betrachtung. Parallel mit der räumlichen Umstrukturierung der Bevölkerung ist eine ebenfalls steigende soziale Differenzierung festzustellen. Die gesellschaftlichen Strukturen werden insgesamt komplexer. Dabei werden einzelne Gruppen durch die fortschreitende Technologisierung stärker dynamisiert als andere.

Die Stadt im industriellen Zeitalter ist seit über 150 Jahren Gegenstand kritischer Betrachtung. Die Auseinandersetzung mit den Ergebnissen der Stadt-, Raum- und Regionalplanung hat sich indes vor allem seit Ende des Zweiten Weltkrieges akzentuiert (*Korte*, 1970, *Atteslander und Hamm*, 1974).

Im Gegensatz zur historisch gewachsenen Stadt mit ihrer Urbanität, dem Zusammenspiel von Arbeitserlebnis und Wohnerlebnis, wird die moderne Großstadt häufig kulturpessimistisch als Moloch, als Organ der Zerstörung „natürlich menschlichen Zusammenlebens" verdammt. Der Verlust der gesellschaftsbildenden Funktion der Stadt als Treffpunkt von Menschen und als Umschlagplatz von Ideen (*Stromberg*, 1971) wird vor allem den Institutionen angelastet, die in den letzten Jahren und Jahrzehnten planerisch in die Stadtentwicklung eingegriffen haben, die die moderne Großstadt gestaltet und umgestaltet haben.

Die moderne Großstadt gilt – und ist es wahrscheinlich auch – als kinder-, familien- und alte-Menschen-feindlich. Unbestritten bleibt der Umstand, daß die Stadt seit Jahrtausenden Träger der Zivilisation und deren Evolution gewesen ist.

Der zunehmende Verkehr in den Ballungszentren führt zu „brutalen Eingriffen in die übrigen Stadtfunktionen, zu Zeitverlusten ... zu wachsender Kriminalität, monofunktionaler Verödung der Stadtkerne durch die sogenannten Dienstleistungen und monofunktionaler Verödung der Stadtränder durch das bloße Wohnen ..." (*Stromberg*, 1971: 94).

So unterschiedlich die gesellschaftspolitischen Standorte der Kritiker an der Planung modernen Wohnens sein mögen, so sehr überraschte es, daß sie in einem Punkt fast übereinstimmen: „Normierte räumliche Teilung unterbindet die individuelle Kommunikation der gesellschaftlichen Subjekte. Der einzelne wird real isoliert. Er sieht sich in jenen räumlichen Sektor gezwängt, wo er mit sich und mit seiner Familie, mit Hab und Gut in seiner Wohnung allein ist" (*Helms*, 1970: 18).

Jahrzehntelang stand das Haus im Grünen, die Wohnung am Stadtrand als Ideal „gesunden Wohnens" im Vordergrund, in den letzten Jahren dagegen hat sich die Idealvorstellung verschoben, innerstädtische Wohnprobleme wurden erkannt, „Belebung der Stadtlandschaft", „Dichte und Urbanität" durch gemischte Wohn- und Geschäftsbauten in der City als Lösungen vorgeschlagen.

Diese Bewegung ist wohl als eine Reaktion auf Probleme zu verstehen, die das Wohnen am Stadtrand mit sich brachte. Trotz gesunder Luft und grüner Umgebung zeigten sich bei Bewohnern dieser Siedlungen Unzufriedenheit und psychische Störungen. Man denke an die oft zitierten „grünen Witwen" oder an jugendliche Aggressivität – beides oft als Kennzeichen der Unzulänglichkeit der bisherigen Konzeptionen im Städtebau bemüht. Allerdings: Wissen wir genügend über solche „Störungen" auch in „alten" Wohngebieten?

Hinzu kommt, daß die politischen Instanzen beim gegenwärtigen Bodenrecht nicht verhindern konnten oder wollten, daß der wirtschaftlich mächtige tertiäre Sektor ganze Wohngebiete der City auflöste, den Verkehr zu bestimmen

Zeiten multiplizierte, gleichzeitig aber zeitweise die Stadtkerne zum Veröden brachte.
Diese grobe Bestandsaufnahme soll lediglich Schlaglichter auf die offenen Fragen und die zu lösenden Probleme in der Stadtplanung werfen.
Zu fragen bleibt: Was kann die Soziologie als Wissenschaft von menschlichen Gruppen leisten, um Planungsinstitutionen Aufklärung und eventuell Entscheidungshilfen zu liefern? Inwieweit (oder inwieweit nicht) nimmt die durch Planungsmaßnahmen veränderte Umwelt Einfluß auf menschliche Verhaltensweisen? Inwieweit können menschliche Verhaltensweisen in eine sozial „wünschbare" Richtung verändert werden?

1.1 Probleme der Planungspraxis

Um die vorgenannten Fragen beantworten zu können, muß man wissen, welche Zielvorstellungen hinter den Entscheidungen der Planungsträger – die ja keine homogene Gruppe bilden – in bezug auf Städtebau und Regionalplanung stehen.
Zu fragen ist also nach den Inhalten von Plänen, nach den Kriterien, die bestimmen, warum ein Wohnbaugebiet so angelegt ist und nicht anders, warum zum Teil offensichtliche Grundbedürfnisse des Menschen, zum Beispiel nach Kommunikation, einfach übersehen wurden, welche Motive, welche Ideologien eventuell hinter planerischen Entscheidungen stehen.
Dabei darf nicht der Fehler gemacht werden, den Bereich der Planung als autonom anzusehen. Durch die Zersplitterung der Verantwortlichkeiten auf die verschiedenen öffentlichen Träger, durch die Eigentumsbindung von Grund und Boden wird derjenige die Nutzung von Stadtgebieten bestimmen, der aus kleinsten Grundflächen größten Gewinn erwirtschaften kann – und das sind in der Regel nicht die Benutzer von Wohnraum.
Damit ist grundsätzlich der Spielraum und die Wirkungsmöglichkeit der Raumplanung durch äußere Bedingungen stark eingeschränkt. Jeder Planer hat sich deshalb die Frage zu stellen, was geschieht ohne übergreifende Planung: Wie wird sich die Bevölkerungsverteilung weiterentwickeln ohne spezifische raumplanerische Eingriffe? Welches sind die Wirkungsmöglichkeiten der Raumplanung? Zu den Bedingungen, unter denen geplant wird, gehört die Analyse der allgemeinen Einstellung zur Planung überhaupt. Die Frage, „Wer plant die Planer", die *Mannheim* schon Anfang der dreißiger Jahre gestellt hatte, blieb bis heute weitgehend unbeantwortet *(Mannheim, 1935)*.

Es ist nicht zu übersehen, daß der Planung und den entsprechenden Stellen auch heute noch mit erheblichen Reserven begegnet wird. *Klages* (1971: 7) kann zwar die Feststellung machen, daß sich der Planungsbegriff in den letzten Jahren weitgehend „entideologisiert" habe, daß er in allen politischen Lagern zu Hause sei und in Anspruch genommen werde. Gleichzeitig stellt er fest, daß mit der Entideologisierung inhaltlich auch eine gesellschaftspolitische Entleerung verbunden ist.

Solange Planung als technische Bewältigung anfallender sozialer Probleme verstanden wird, scheinen sich kaum mehr erhebliche Widerstände zu zeigen. Geht sie aber darüber hinaus, beispielsweise, wenn aus ihrer Sicht eine zunehmende Tätigkeit staatlicher Stellen auf Kosten von privaten gefordert wird (in Richtung der von Klages befürworteten umfassenden Gesellschaftsplanung), dann steigen die Widerstände gegen die Planung erheblich.

Dies zeigt ganz deutlich ein Beispiel aus der Siedlungs- und Raumplanung in der Schweiz: Die Anweisung des Bundes an die Kantone, es seien zur Wahrung verschiedener planerischer Optionen Siedlungs- und Erholungszonen auszuscheiden, hat zu vehementen Diskussionen über die Berechtigung einer solchen Planungsabsicht und deren Auswirkungen geführt. Sobald Planung ordnungspolitische Änderungen bedingt, und dies nicht nur im Bereich der Siedlungs- und Bodenpolitik, zeigt es sich, in welch hohem Maße der Planungsbegriff nach wie vor ideologisch belastet ist. Ordnungspolitische Vorstellungen werden erst dann aufgegeben, wenn bestehende Fragen zu brennenden Problemen geworden sind. Wenn man heute bereit ist, den Regierungen vermehrte Kompetenzen im Bereich der Boden- und Siedlungspolitik zu übertragen, liegt darin das Eingeständnis, daß mit der bisherigen individualistischen Politik das Ziel, nämlich eine wünschenswerte Raumordnung bzw. Raumnutzung, nicht mehr erreicht werden kann. Die Rolle der Regierung als Träger bzw. Mitträger einer Anpassungsplanung wird heute als kleineres von zwei Übeln in Kauf genommen.

1.1.1 Das Fehlen gesellschaftlicher Leitbilder

Der Planer, will er nicht lediglich Raumtechnokrat sein, kommt nicht umhin, sich mit unterschiedlichen gesellschaftlichen Zielsetzungen auseinanderzusetzen. In der Praxis bedeutet dies u. a. die Suche nach realisierbaren Richtgrößen bzw. nach einer optimalen Dichte der Bevölkerung. Das erreichbare Optimum ist Ergebnis der Auseinandersetzung mit Zielsetzungen, die sich teilweise widersprechen, sich gegenseitig bedingen oder möglicherweise auch in keinem Zusammenhang miteinander stehen.

Wenn *Klages* (1971) Gesellschaftsplanung fordert, setzt dies explizite gesellschaftspolitische Zielsetzungen voraus. Eine solche umfassende Zielsetzung fehlt weitgehend. *Tenbruck* (1967) hat darauf hingewiesen, daß die meisten raumplanerischen Maßnahmen als sogenannte Primärplanungen anzusehen sind: sie beziehen sich auf bestimmte Gebiete und eingegrenzte Zielsetzungen. Auch er fordert neue Konzepte der Sekundärplanung. Damit versteht er umfassendere Planungssysteme, welche die zum Teil widersprüchlichen Zielsetzungen einzelner Planungsvorhaben aufheben.

Einen Versuch, gesamtgesellschaftliche Zielsetzungen zu erwirken, stellen die Leitbildstudien des Zürcher *ORL-Institutes* dar *(ORL-Bericht 1969)*. Dabei wurde versucht, einer weiteren Öffentlichkeit verschiedene raumplanerische Varianten zur Diskussion zu stellen. Einerseits werden mögliche Entwicklungen, die sich ohne Raumplanungskonzept wahrscheinlich ergeben würden, angezeigt, andererseits wurden Varianten ausgearbeitet, denen ganz bestimmte gesellschaftspolitische Konzepte entsprechen. Die Zielsetzung selbst aber war nicht Aufgabe der Planer. Sie soll vielmehr durch Vorlagen der Leitbildstudien provoziert werden.

Es kann gar nicht Aufgabe der Raumplanung sein, selbst gesellschaftspolitische Ziele zu entwerfen. Vielmehr ist die Raumplanung insgesamt solchen Zielen unterzuordnen.

Allgemeine gesellschaftliche Zielsetzungen, die ganz bestimmte Maßnahmen der Raumplanung erlauben, sind kaum formuliert worden. Es ergibt sich in diesem Zusammenhang das Problem, daß die Raumplanung selbst nicht schon von ideologischen, unüberprüften Zielsetzungen ausgehen oder solche gar voraussetzen darf. Wo dies geschieht, wird sich im allgemeinen zeigen, daß durch die planerischen Maßnahmen die angegebenen Ziele meist nicht erreicht werden. Gerade bei der Frage von Dichte und Mischung der Bevölkerung drängt sich eine exakte Analyse dieser Zusammenhänge auf.

In der Raumplanung können grundsätzlich physische, ökonomische und soziale Aspekte unterschieden werden. Wechselwirkungen zwischen den drei Bereichen sind unbestritten.

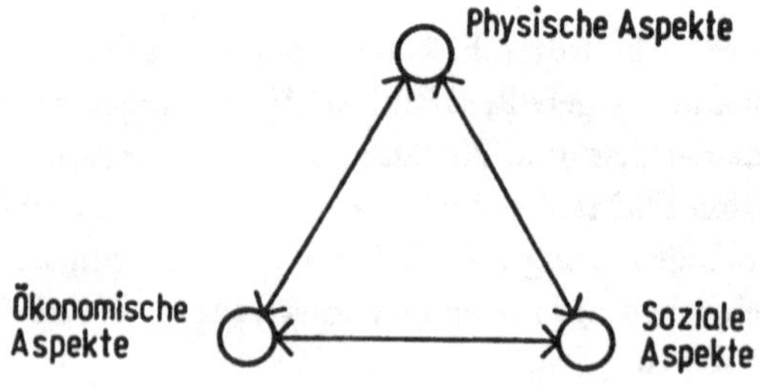

Es gibt kaum Planungsprojekte, die nicht als oberste Zielsetzung die Erfüllung sozialer Bedürfnisse angeben. So sollen durch Planung entweder unbefriedigende Verhältnisse beseitigt, bestimmte Wünsche erfüllt, insgesamt aber die allgemeine Wohlfahrt gefördert werden. Es werden dann Behinderungen durch physische Bedingungen angenommen, schließlich ergeben sich daraus ökonomische Folgen. Die übliche Hierarchieführung der Zielsetzungswerte kann wie folgt dargestellt werden:

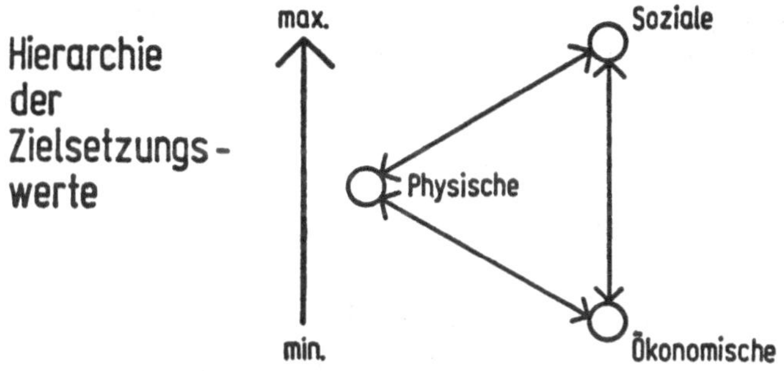

Untersuchen wir dagegen, welche Faktoren eine Planung maßgeblich beeinflussen, ergibt sich ein völlig anderes Bild:

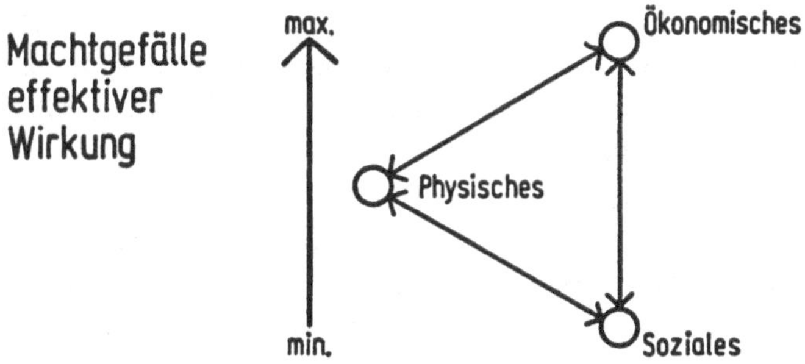

Meistens sind es die ökonomischen Bedingungen, die die Begrenzung der planerischen Tätigkeit diktiert. In der Umschreibung des Ökonomischen sind immer auch politische Verhältnisse mit eingeschlossen. Bedingungen, unter denen soziales Verhalten beeinflußt werden kann, bleiben nicht nur weitgehend unerforscht, sondern sie sind im allgemeinen auch als schwächster Einflußfaktor zu werten. So kann denn unschwer die These formuliert werden, daß sich bevölkerungsmäßige Dichte und Mischung als notwendige Folge planerischer Maßnahmen ergibt, diese selbst aber kaum zu beeinflussen sind. Damit sei auf einen grundsätzlichen Widerspruch zwischen Zielsetzung und Praxis der Raumplanung hingewiesen. Probleme, die sich aus diesem Widerspruch ergeben, begleiten uns in allen weiteren Erörterungen dieser Arbeit.

Es stellen sich schließlich nicht die Fragen, welche Zielsetzungen für eine gesellschaftspolitisch adäquate Raumplanung notwendig wären und wie sie entstehen, sondern es müßte die ganze Problematik der Institutionalisierung der Planung untersucht werden. Schließlich, damit zusammenhängend, wären auch die Entscheidungsstrukturen zu ergründen. Die Klärung dieser Zusammenhänge kann allerdings in der vorliegenden Arbeit nicht geleistet werden (siehe dazu *Atteslander u. a.*, 1974). Es sei damit lediglich eine weitere Dimension angedeutet, innerhalb deren Probleme von Dichte und Mischung der Bevölkerung zu betrachten sind.

1.1.2 Maximale Dichte – optimale Dichte

Den meisten Planungsvorschlägen entsprechen ganz bestimmte Dichte- und Mischungsvorstellungen. Allerdings werden diese kaum je explizit formuliert. Es wird von optimaler Verteilung gesprochen, wobei die Kriterien im dunkeln bleiben.

Wie entsteht eine Optimalvorstellung? Ein Optimum kann nicht allein nach objektiven Kriterien bestimmt werden, da Optimalvorstellungen immer mit Wertungen verbunden sind. Bei der Dichte unterscheiden wir zwischen einer ökonomischen, physischen und gesellschaftlichen Dimension. Optimale Dichtewerte, die in der Form von Richtwerten vorgegeben werden, haben stets gesellschaftspolitische Folgen.

Ein Beispiel für die Auseinandersetzung zwischen verschiedenen Zielvorstellungen ist der Konflikt über die Frage, ob und in welchem Ausmaß die Bevölkerung weiter zunehmen soll oder gar darf. Bestehen heute nach wie vor gewichtige Interessen für ein weiteres Anwachsen der Bevölkerung, so nimmt auf der anderen Seite die Gruppe jener zu, die – übrigens mit demselben Rekurs auf die Wahrung des Allgemeinwohls – dafür plädieren, die Bevölkerungszahl zu stabilisieren. Dies aufgrund der Einsicht, daß mit steigender Zahl der Bevölkerung die Möglichkeit, Probleme zu bewältigen, abnimmt. Diesen Standpunkt hat stellvertretend für viele der Biologe *Leyhausen* (1972) vehement geäußert.

Dagegen haben Eigentümer von Grund und Boden kaum besonderes Interesse an einer Stabilisierung, denn sie versprechen sich die weitere Verknappung von Boden, durch die zunehmende Bevölkerungsdichte also eine Wertsteigerung ihres Grundbesitzes.

In einer Studie über die Anwendung von Ausnützungsziffern gibt *Egli* (1965: 41) im Abschnitt über die wirtschaftliche Seite der Ausnützungsziffer ein Beispiel dafür, was als optimal bzw. „normal" zu bezeichnen ist: „Als normal kann ein Ertrag bezeichnet werden, der das aufgewendete Kapital bei Herstellung oder Kauf der Liegenschaft mindestens um 1,3 Prozent höher verzinst als der normale Bankzinsfuß für Spareinlagen . . ."

Die Ausnützungsziffer ist neben dem Ausbaugrad der heute wohl gebräuchlichste Indikator für die Intensität der Raumnutzung. Allerdings ist die Unterscheidung zwischen Ausnützungsziffer und Ausbaugrad nur dann sinnvoll, wenn die rechtlich zulässige Ausnützungsziffer verglichen wird mit der vorhandenen. Dadurch alleine wird der tatsächliche Ausbaugrad festgestellt. Der Ausbaugrad als Ergebnis der Auseinandersetzung zwischen Optimum und Maximum bestimmt je nach seiner Höhe den Ertrag und damit aber auch indirekt den Wert einer Liegenschaft.

Um einen unerwünschten Mißbrauch von Grund und Boden zu verhindern, werden aber in der Regel in Gesetzen nicht optimale Werte vorgegeben, sondern maximale. Eine maximale Dichte kann in einem physischen und in einem psychischen Sinne verstanden werden: Maximale Dichte in einem physischen Sinne, d. h. eine Wohndichte, bei deren Überschreitung mit Selbstzerstörung gerechnet werden muß, gibt es nicht. Man kann sich aber fragen, wann eine bestimmte Wohndichte zu unerträglichen Lebensverhältnissen führt. Nach einer Untersuchung von *Lübcke* ist ein Elendsviertel durch eine Wohndichte von über 1000 Einwohnern je ha oder 1 Einwohner je 10 qm gekennzeichnet. Die große Spanne zwischen den in der Literatur zu findenden Annahmen über maximale Dichtewerte zeigt, daß eine systematische Theorie darüber bis heute fehlt. *Lehmann* warnt in diesem Zusammenhang vor einem Pragmatismus ohne Horizonte (1967: 42).

Einen qualitativen Maßstab für die Bestimmung einer kritischen Dichte versucht *Lowinski* aufzustellen (1967: 44): „Eine übermäßige Verdichtung der Besiedlung liegt überall dort vor, wo die durch die Dichte der Besiedlung bedingte Intensität der Raumnutzung der entscheidende Grund dafür ist, daß die in einem Verdichtungsraum wohnenden Menschen mehrere ihrer vitalen Bedürfnisse innerhalb ihres normalen täglichen Bewegungsraumes unzulänglich, gar nicht oder nur durch unverhältnismäßig hohe Aufwendung an Zeit und Geld befriedigen können."

Alle maximalen und optimalen Dichtewerte sind immer mit Vorstellungen über eine ideale Wohnform verbunden. *Mackensen* sieht hinter allen Wohnformen das universelle Ziel der Wahrung der persönlichen Unabhängigkeit (1967: 96). *Pahl* visiert vor allem die Kontinuität der Dichte in Stadtzentren als ein begrenztes Ziel an (1967: 60). Bei der Beurteilung von konkreten Richtwerten

für Wohndichten muß man daher immer nach der damit verbundenen Zielsetzung fragen.
Ein Dichtemaß ist kein objektiver Wert, sondern es entspricht bestimmten, in der Regel nicht explizit ausgesprochenen Zielsetzungen derjenigen Gruppen, die sie aufgestellt haben und auch durchzusetzen wissen.
Es wird immer sehr schwierig bleiben, für die Festlegung von optimalen oder maximalen Dichtewerten objektive Maßstäbe zu finden. Man sollte sich hüten, durch eine starre gesetzliche Festlegung von bestimmten Dichtewerten eine, wenn vielleicht auch gut gemeinte, Uniformität zu erzwingen. Ein Beispiel dafür, daß Planer und Architekten sich nicht mit Richtwerten und Nutzungsvorschriften Alibis für eine Nichtauseinandersetzung mit gesellschaftlichen Zielsetzungen schaffen können, ist die geplante Großüberbauung Brünnen am westlichen Stadtrand von Bern. Für diese zu planende Satellitenstadt für 20- bis 30 000 Einwohner hat das Stadtplanungsamt Bern vorläufig keine Vorschriften erlassen, sondern erwartet von den Planern ein Konzept, in dem die Auseinandersetzung mit maximalen, optimalen, wünschenswerten Dichtewerten enthalten ist und in dem die Vorstellungen über bestimmte Dichten genau begründet werden können. Ein ähnliches Beispiel finden wir in Berlin bei der Überbauung an der Autobahn Schlangenbader Straße, die rund 6000 Menschen Wohngelegenheit bieten soll.

1.1.3 Rechtliche Normen und sozialer Wandel

Im Zusammenhang mit dem Problem der unterschiedlichen Zielvorstellungen steht die Frage nach dem Wandel von Zielsetzungen im Zeitablauf. Der technische und wirtschaftliche Fortschritt hat zur Folge, daß sich die Ansichten über maximal zulässige Dichten ändern. Die Vorstellungen bezüglich der Wohndichte bewegen sich heute im Rahmen von 25 bis 30 qm je Einwohner.
Bestehende Gesetzesvorschriften liegen bereits an der unteren Grenze dieser Vorstellungen. Die Praxis zeigt darüber hinaus, daß die Maximaldichte bzw. die minimale Fläche je Einwohner bis auf 10 qm je Einwohner sinken könne. Für den Planer geht es darum, Änderungen in den Dichtevorstellungen vorauszusehen. Dazu ist eine dauernde Beobachtung der Veränderungen des Erwartungsniveaus notwendig. *Maurer* (1968) geht davon aus, daß die Bruttogeschoßfläche pro Einwohner im Laufe der kommenden 20 bis 30 Jahre auf 40 qm anwachsen wird. Daraus ist die Forderung abzuleiten, daß Maßstäbe für maximale Dichtewerte flexibel sein müssen, damit sie laufend dem zu erwartenden, steigenden Erwartungsniveau angepaßt werden können. Bei gesetzlich verankerten Werten jedoch treten Schwierigkeiten auf, weil sozialer Wan-

del juristisch meist erst dann nachvollzogen werden kann, wenn das Erwartungsniveau sich bereits wieder an neuen Leitlinien orientiert. Es genügt nicht, Zukunftserwartungen nur zu prognostizieren.

Die „time lags" zwischen Erwartungen und deren Erfüllung bzw. deren rechtlichen Fixierung kann nur durch eine Planung des sozialen Wandels verhindert werden.

Geht man von der Absicht aus, durch Raumplanung Sozialverhalten mitzubestimmen, dann ist die unkritische Anwendung von vorhandenen Richtwerten, wie Ausnützungsziffern und Ausbaugraden, lediglich Ausflucht. Neben den Zielkonflikten und dem Problem des „time lags" zwischen Wünschbarem und rechtlich Möglichem, mit denen der Planer konfrontiert wird, türmen sich zwei weitere Problemkreise auf, die er nicht zu bewältigen vermag: Die bestehenden Richtwerte sind viel zu grobmaschig und zu undifferenziert, als daß sich daraus irgendwelche Verhaltenserwartungen ableiten ließen. Die aus einem eindimensionalen Dichtebegriff gewonnenen Richtwerte sind deshalb mit allem Vorbehalt zu behandeln. Allerdings muß an dieser Stelle festgehalten werden, daß wir uns mit der Darstellung der Problematik des Dichtebegriffes erst im Vorzimmer unseres eigentlichen Problems befinden, der Frage nämlich, wie sich nun bestimmte Dichten auf das Sozialverhalten auswirken.

Es ist schließlich auf einen weiteren Problemkreis hinzuweisen, der im vierten Kapitel behandelt wird. Die bisherigen Vergleiche zwischen Absicht und Ergebnis planerischer Maßnahmen im Bereich der Planung kleinerer und mittlerer Siedlungen fallen heute überwiegend negativ aus.

Als Beispiel sei hier die Siedlung Tscharnergut in Bern erwähnt. Der sehr hohe Anteil der Altersgruppe von 25 bis 40 Jahren hat dazu geführt, daß in den letzten Jahren dauernd neue Schulhäuser bzw. provisorische Schulhäuser erstellt werden mußten. Da aber damit zu rechnen ist, daß der überwiegende Teil dieser Altersgruppe im Quartier bleiben wird, ist schon heute vorauszusehen, daß bis in 10 oder 15 Jahren eine Reihe von Schulräumen mangels Kinder nicht mehr benötigt werden.

Kritik kommt vor allem aus dem Kreise von Soziologen, die den Planern pauschal vorwerfen, daß sie glauben, mit planerischen Maßnahmen Sozialverhalten bestimmen zu können. Viele Planer haben diese Kritik ernst genommen und sich in der Folge an die Soziologen gewandt, mit der Hoffnung, sie würden nicht nur den Unterschied zwischen Erwartungen und Absichten aufzeigen, sondern auch eine Verhaltenstheorie vorlegen, aus der die konkreten Einflußmöglichkeiten des Planers hervorgehen könnten. Diese Hoffnung ist bisher praktisch nicht erfüllt worden. Die Feststellung bei *Bächtold* etwa (1970: 17), soziale Beziehungen könnten durch architektonische oder planerische Maßnahmen nur dann beeinflußt werden, wenn ganz bestimmte soziale Voraussetzungen vorhanden seien, hilft den Planern natürlich wenig, wenn nicht gleichzeitig gezeigt wird, wie diese „sozialen Voraussetzungen" konkret beschaffen sind. Der „Alibi-Streit" zwischen Planern und Soziologen bleibt so lange unfruchtbar, bis die Zusammenarbeit nicht institutionalisiert wird. Die Mitarbeit des Soziologen hängt nicht nur von seinem Wollen ab, es muß ihm auch die Möglichkeit geboten werden (siehe hierzu *Atteslander u. a.*, 1974).

Auch Feststellungen etwa der Art, daß Sozialverhalten grundsätzlich raumbezogen sei, können dem Planer erst dann als Entscheidungsgrundlage dienen, wenn er die Zusammenhänge zwischen Sozialverhalten allgemein und dem spezifisch raumbezogenen Sozialverhalten kennt.

Die Sozialökologie, die die Wechselbeziehungen zwischen räumlich organisierten sozialen Systemen und ihrer Umwelt untersucht, hat zwar zu einer Reihe von wichtigen Einsichten geführt. Ihre Fruchtbarkeit hat sie in erster Linie im Zusammenhang mit abweichendem Verhalten und Gettobildung gezeigt. Unklar ist aber bis heute ihre Stellung im Rahmen einer allgemeinen Verhaltenstheorie (siehe dazu *Atteslander/Hamm*, 1974).

Die Annahmen und Zielsetzungen der Planer lassen sich zwar aus soziologischer Sicht kritisieren, mangels einer allgemein gültigen, spezifisch sozialökologisch bezogenen Verhaltenstheorie ist es aber bisher nicht gelungen, brauchbare Alternativen aufzuzeigen (siehe auch *Atteslander/Oetterli* 1972).

1.2 Theoretische Ansätze zum raumbezogenen Sozialverhalten

Es kann im folgenden nicht darum gehen, eine allgemeine Verhaltenstheorie zu entwerfen. Die Aussage, daß das Sozialverhalten grundsätzlich raumbedingt sei, ist eine Platitüde: Jeder Mensch lebt schließlich in Raum und Zeit; allerdings: Wie sind seine Beziehungen zum konkreten Raum, wie erlebt er ihn in der Zeit? Ebensowenig wie die Gesellschaft an sich das Sozialverhalten des einzelnen bedingt, sondern ganz spezifische gesellschaftliche Bedingungen, kann auch kaum von einer allgemeinen Raumbezogenheit des Sozialverhaltens gesprochen werden.

Das Verhalten des einzelnen Menschen wird weitgehend durch die Normen von Gruppen geprägt, in denen er lebt. Ebenso sind Raumbeziehungen wesentlich, die er im Ablauf des Tages, also in seiner Arbeit und seiner Freizeit erlebt.

Wichtig sind für uns die kognitiven Vorgänge, durch die er diese primäre Umwelt erfährt.
Der einzelne Mensch orientiert sich nicht nur im Raum, er strukturiert ihn auch. In primitiven Gesellschaften werden soziale Beziehungen meist räumlich fixiert: Je nach seinem sozialen Status erhält der einzelne genau abgegrenzte Räume zugeteilt, er darf sich nur nach ganz bestimmten Regeln bewegen (*Homans*, 1950; *Linton*, 1957).
Nicht nur kulturgeschichtlich, auch in der Entwicklung des einzelnen Menschen wird die Umwelt zunächst im Durchleben des Raumes erfaßt. Das Kind strukturiert den Raum, bevor es beginnt, zeitliche Abläufe zu erleben. Eine Übersicht über die Zusammenhänge zwischen sozialen Systemen, Zeit und Raum finden wir bei *Kolaja:* „Verglichen mit Raumdaten, stellen Zeitdaten erheblich Mehranforderungen an den Intellekt, und es ist deshalb nicht verwunderlich, daß genetisch Zeitdaten später differenziert werden als Raumdaten" (*Kolaja*, 1969).

1.2.1 Kognitive Raumerfahrung

Das Durchleben des Raumes können wir als Lernprozeß verstehen, wobei das „Gelernte" unabhängig vom Datum der Lernerfahrung wirkt. Der Raum kann, nach *Kolaja*, betrachtet werden, „als eine Funktion einer simultanen Beziehung". Des weiteren ist wichtig zu vermerken, daß alles, was in einer Kultur als gleichzeitig angesehen wird, nicht eine isolierte Variable darstellt, sondern in vielen Fällen als Funktion einer bestimmten Anzahl von Personen oder Gruppen zu betrachten ist.
Daraus können wir folgern: Wenn mehr Menschen involviert sind, ist auch mehr Raum im Spiele. Es ist festzuhalten, daß mit Raum und Zeit auch soziale Beziehungen positiv korrelieren. Dies wird besonders deutlich, wenn wir in einem späteren Kapitel die Probleme des „Crowdings" behandeln. Im übrigen sei hier nur angemerkt, daß eine bestimmte Affinität zwischen der Vergangenheit und statischer Struktur einerseits, Zukunft und Wandel andererseits besteht. Dieser Hinweis ist deshalb wichtig, weil wir die Einstellung von Menschen zur räumlichen Umgebung sowohl nach dem Grad der Vertrautheit wie auch nach ihrer Einstellung zum Wandel zu untersuchen haben.
Wir können des weiteren annehmen, daß das Sozialverhalten der Menschen überwiegend „konservative" Züge trägt. Das heißt, neue Erfahrungen werden mit vergangenen verglichen. Das Neue tendiert grundsätzlich dazu, etablierte Sozialbeziehungen zu verändern, wenn nicht gar zu stören. Der Begriff des „recurrent behavior", wie ihn *Kolaja* einführt, gründet wesentlich auf

räumlicher Vertrautheit des Individuums, die ihrerseits wiederum, wie wir gesehen haben, mit spezifischen Zeitperzeptionen übereinstimmt.
Für unsere Fragestellung ist wichtig abzuklären, wie stark raumrelevant einzelne Faktoren sind, die das soziale Verhalten beeinflussen.

1.2.2 Makrosoziologische Aspekte der Raumbezogenheit

Auf die makrosoziologischen Raumbezogenheiten der gesellschaftlichen Ordnung hat bereits *Simmel* hingewiesen. Einerseits können wir die räumliche Steuerung der Bevölkerung und die Bindung gewisser Funktionen an Standorte erkennen, wobei aber dieser äußerlich greifbaren Strukturierung des Raumes eine gesellschaftliche Ordnung entspricht, die unabhängig vom sichtbaren, materiellen Rahmen nicht vorstellbar ist. Beispielsweise haben Formen der Kooperation, Machtverhältnisse oder Konflikte stets bestimmte territoriale Voraussetzungen; zumindest werden sie in ihrer Gestaltung stark von räumlichen Faktoren mitbeeinflußt (*Simmel*, 1908).
Räumliche Ordnung und entsprechende Gesellschaftssysteme müssen demgemäß in ihrer wechselseitigen Beeinflussung betrachtet werden. Makrosoziale Erscheinungen setzen ganz bestimmte physische Merkmale im Raume voraus, andererseits beeinflußt eine gegebene geographisch-räumliche Ordnung die Möglichkeit sozialer Kooperation.
Während in traditionalen Gesellschaften diese räumlichen Gegebenheiten stärker auf die Kooperationsgefüge und auch auf die Machtverhältnisse wirkten, ist im Zuge der Industrialisierung und des wissenschaftlich-technischen Fortschrittes eine stärkere Umgestaltung des Raumes durch vorherrschende soziale Systeme zu bemerken.
Die Möglichkeiten räumlicher Gestaltung sind schließlich beim heutigen Stand der technologischen Entwicklung außerordentlich groß.
An dieser Stelle ist einem ersten Mißverständnis vorzubeugen: Da die moderne Technologie wenigstens theoretisch die Möglichkeit einer totalen Raumgestaltung bietet, wird im allgemeinen die Einwirkung räumlicher Veränderungen auf das Sozialverhalten stark überbewertet. Eine denkbare totale räumliche Umgestaltung wird also niemals auch eine totale Umwandlung der Gesellschaft bewirken. Die gesellschaftlichen Verhältnisse bedingen Art und Weise räumlicher Gestaltung und nicht umgekehrt.

1.2.3 Raumordnung und Gesellschaftssystem

Die räumliche Ordnung kann nicht isoliert betrachtet werden. So schreibt *Tenbruck*, daß die räumliche Ordnung nicht ein isolierter Faktor sei, der sich in der Wirklichkeit erst nachträglich mit sozialen oder kulturellen Faktoren mische, sondern die räumliche Ordnung sei von vornherein eine Seite der gesellschaftlichen Ordnung, in der schon nicht räumliche Faktoren drinsteckten, wie umgekehrt dieses gesellschaftliche System durch räumliche Faktoren mitbedingt sei (*Tenbruck*, 1967).
Die Zusammenhänge zwischen Raumordnung und Gesellschaftssystemen wurden oft dargelegt. So schreibt *Krysmanski:* „Raumordnende Maßnahmen greifen ... immer, auch wenn sie nur als kurzfristiger Eingriff geplant sind, langfristig in das gesellschaftliche Lebensgefüge ein. Die sich aus diesen Maßnahmen ergebende gesellschaftliche Umstrukturierung wiederum beeinflußt die zukünftige Zuordnung der gesellschaftlichen Funktionen und Gruppen im Raum. Eine einfache ‚geplante' Raumordnung ohne Kenntnis der gesamtgesellschaftlichen Zusammenhänge, nicht nur der ökonomischen, ist deshalb in sich widerspruchsvoll" (*Krysmanski*, 1967).
Unzulänglich untersucht ist dagegen das Gefälle dieser Beziehung. Zwar ist, wie *Chombart de Lauwe* schrieb, das Bild der Gesellschaft auf den Boden geschrieben (*Chombart de Lauwe*, 1959). Auch verstehen wir die Infrastruktur als einen Parameter für mögliches soziales Handeln. Wie stark aber im makrosoziologischen Bereich räumliche Bedingungen soziales Verhalten beeinflussen, blieb bis jetzt weitgehend unerforscht. Räumliche Gegebenheiten sind schließlich nur ein Aspekt des materiellen Rahmens, der neben anderen Faktoren das soziale Verhalten beeinflußt (*Atteslander/Oetterli*, 1972).
Wenn von „*Bodenbezogenheit*" des Verhaltens gesprochen wird, „kann darunter nur eine Orientierung an räumlich-statischen Formen oder an den von der Gesellschaft vordefinierten Werten, die bestimmten physischen Merkmalen und Strukturen im Raum zugewiesen sind, verstanden werden. Konkrete Handlungen, deren Motivationen ausschließlich durch den Boden determiniert sind, interessieren in diesem Zusammenhang weniger als die subjektiven Motive und bewerteten Bedeutungen, die sich zwar ebenfalls auf den Boden oder – allgemeiner formuliert – auf statische Umweltbedingungen richten, die aber darüber hinaus weiteres Verhalten im Raum prägen. Unmittelbare Abhängigkeiten lassen sich empirisch kaum nachweisen.

Im übrigen geben bestimmte, mit den Nutzungsfunktionen des Raumes verknüpfte Sozialphänomene Auskunft über die individuellen Bewertungs- und Bedeutungsunterschiede der Boden- oder Raumstrukturen. Es wird sich darum handeln, die konkreten Tatbestände des Bodenbesitzes und der Bodennutzung näher zu erläutern sowie den Formen der ‚Aneignung' von Raumbereichen oder Raumteilen im Bewußtsein einzelner Personen und Gruppen nachzugehen" (*Krysmanski*, 1967: 10).

1.2.4 Forderungen der Planer – Fehlende Untersuchungen

Weder kann es Aufgabe des Planers sein, die Gesellschaft durch Raumplanung allein und direkt zu verändern, noch ist Planung zu verstehen als ausgeklügeltes System von Anpassungsmechanismen an herrschende gesellschaftliche Bedingungen.

Auch wenn hier nicht der Ort ist, über die Funktion des Planers in der heutigen Gesellschaft zu sprechen, wird deutlich, daß der Planer Grenzen und Möglichkeiten abschätzen muß.

Da er unter ganz bestimmten gesellschaftlichen Bedingungen tätig ist, darf er zu Recht die Forderung stellen, daß ihm diese Bedingungen erläutert werden. Dabei hilft ihm der Hinweis nicht, daß es im Augenblick noch an einer umfassenden Planungstheorie fehlt. Er kann auch nicht warten, bis in zehn Jahren nach sorgfältigen Untersuchungen Ergebnisse vorliegen. Die ihm gestellten Aufgaben muß er heute leisten.

Der Planer muß davon ausgehen, daß Sozialdaten, die er für ein bestimmtes Projekt brauchte, weitgehend fehlten. Andererseits droht er in einem Berg von Daten zu ersticken, die auf unterschiedlichen Räumen, unterschiedlichen Zielen der Datensammlung und schließlich unterschiedlichen Methoden beruhen. Was ist für ihn relevant, in welcher Beziehung stehen die Daten allenfalls untereinander? Die Gefahr ist groß, daß er nur jene verwendet, die seinen eigenen Konzepten am ehesten zu entsprechen scheinen. Die eigentlich notwendige Information für Planung und Planer fehlt. Auch bevölkerungsstatistische Unterlagen erbringen beispielsweise kaum die Auskünfte, die in einzelnen Fällen notwendig wären. Überdies pflegen statistische Daten erst mit respektabler Verspätung zur Verfügung zu stehen. Des weiteren findet der Planer, wenn überhaupt, Daten, die nicht auf seinen Planungsraum bezogen werden können. Die Frage der Abgrenzung von Planungsräumen kann er alleine ebenfalls nicht leisten. Erhebliche Probleme bestehen schließlich beim Versuch, größere Gebiete als Regionen zu erfassen (siehe dazu *Atteslander/Oetterli*, 1972).

Wohl bestehen beispielsweise sogenannte Wanderungsstatistiken. Meist werden nicht Wanderungen erfaßt, sondern lediglich Wandersaldi, also Zu- oder Wegzugbewegungen für Gemeindegebiete, die überdies nicht identisch sind mit Siedlungseinheiten. Sie geben deshalb leider nur wenige Hinweise auf die weit komplexeren Prozesse der sozialen Mobilität.

Es stellen sich, wie schon erwähnt, weiter Fragen der Institutionalisierung der Planung: Welche Kompetenzen erhalten welche Planer zu welcher Zeit in welchem Ausmaß? Wie werden die Zielsetzungen formuliert – ein Umstand, der bereits angesprochen wurde. In diesem Zusammenhang interessieren uns vornehmlich Forderungen der Planer an die empirische Sozialforschung.

Bislang haben die meisten Planer Soziologen lediglich als Kritiker ihrer Aktivitäten und Zielvorstellungen kennengelernt. So wertvoll, ja notwendig die sogenannte Ideologiekritik, d. h. die Überprüfung der Zielsetzungen sein kann, verlangt er mehr. Oft verlangt er zuviel: Er erwartet zuweilen von Soziologen einen normativen Entwurf der Gesellschaft. Er erwartet, daß der Soziologe ihm sagt, wie eine Gesellschaft, in der er und für die er plant, aussehen sollte. Genausowenig wie der Planer gesellschaftspolitische Zielsetzungen alleine vornehmen darf, kann und soll der Soziologe keine normativen Entwürfe der Gesellschaft liefern. Die Soziologie ist, wenn diese Abgrenzung überhaupt sinnvoll ist, für die Planung Hilfswissenschaft. Sie kann, wenn die nötigen Mittel bereitgestellt werden und die institutionelle Zusammenarbeit gewährleistet ist, ihren Beitrag vor allem in drei Bereichen leisten:

1. Ideologiekritische Überprüfung von Zielsetzungen, Erarbeitung alternativer gesellschaftlicher Entwicklungen.
2. Erhebung von planungsrelevanten Sozialdaten. Mit Hilfe der Sozialforschung können auf das Planungsgebiet bezogene Sozialdaten erhoben wie auch die Motivationsstruktur der Bevölkerung ermittelt werden, außerdem sind Vergleiche zur Gesamtgesellschaft möglich.
3. Prozeßanalyse der Planung. Da Planung selbst einen sozialen Vorgang darstellt, sind sozialwissenschaftliche Erkenntnisse über diese Vorgänge höchst nützlich.

Einsatz soziologischer Methoden bei der Regionalplanung

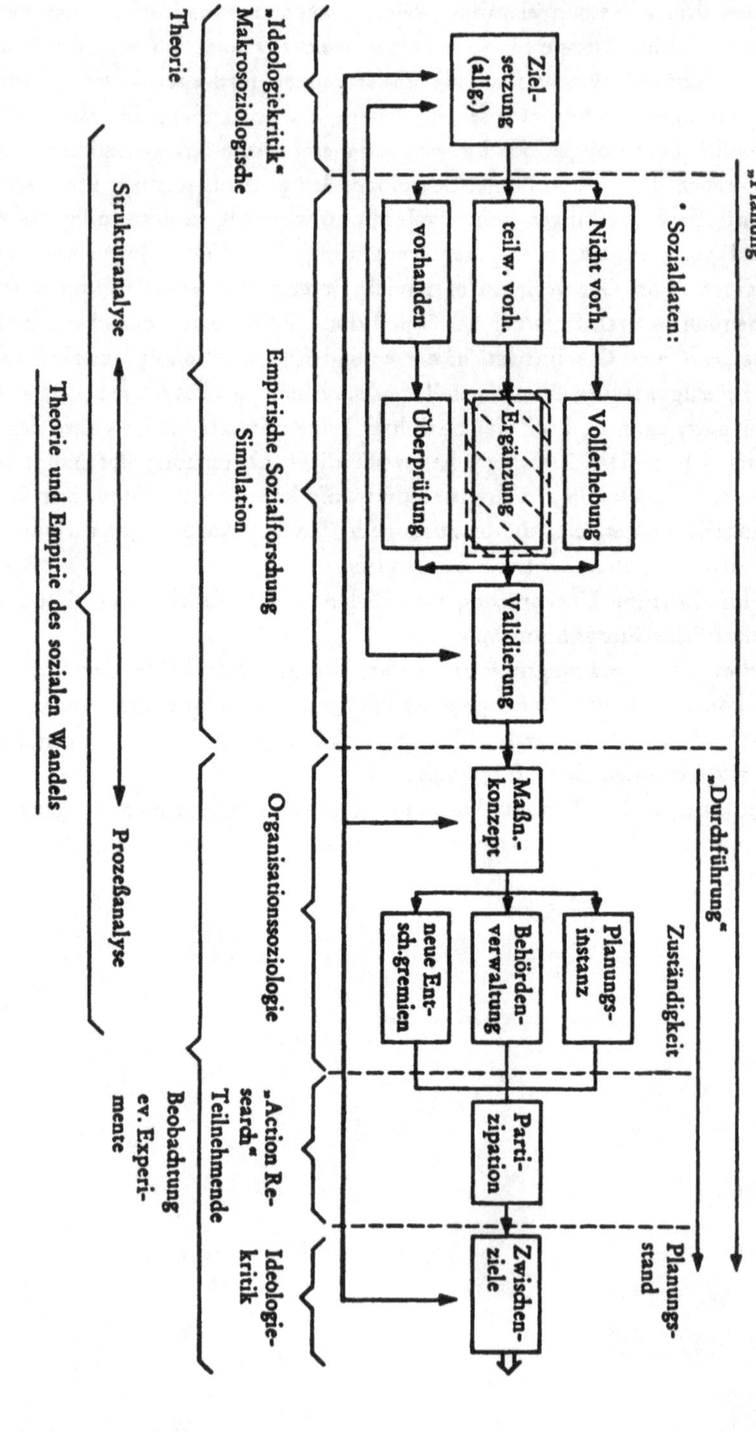

(Aus: P. Atteslander und J. Oetterli, 1972)

Aus diesen Bemerkungen geht hervor, daß Raumplanung nur im weiteren Rahmen der Theorie des sozialen Wandels betrachtet werden kann. Einen Überblick über den Stand heutiger Theorie und Forschung vermittelt *Zapf* (1969). Von besonderem Interesse sind die Ansätze von *Etzioni* (1968). Er weist auf den Unterschied hin zwischen den Grenzen und den Strukturen eines sozialen Systems. Sie bestimmen, welche Einheiten und Variablen zum System gehören; die Strukturen hingegen sind die spezifischen Beziehungsmuster zwischen den Elementen eines Systems. Nicht zuletzt ist seine Hauptaussage wichtig, wonach sich die Systemgrenzen langsamer verändern als die Strukturen. Aus diesem Grunde kann ein soziales System während einer bestimmten Zeit bei relativ stabilen Grenzen Fehlstrukturen entwickeln. Das Schaubild über den Einsatz empirischer Methoden der Soziologie weist darüber hinaus auf den Umstand, daß grundsätzlich interdisziplinär gearbeitet werden muß.

Heute wird, wenn überhaupt, Sozialforschung meist nur im Bereich „Ergänzung" vorgesehen und auch finanziert. Wohl wird sehr viel über Partizipation gesprochen – Partizipationsforschung steht allerdings erst am Beginn. Wird die Soziologie als empirische Wissenschaft voll eingesetzt, ergibt sich im spezifischen Falle durchaus eine gewinnbringende Umsetzung sozialwissenschaftlicher Erkenntnisse in die Praxis.

Zu unserer eingeschränkten Fragestellung „Dichte und Mischung" liegen umfassende empirische Untersuchungen allerdings kaum vor. Der Stand der Siedlungssoziologie erlaubt direkte Anweisungen für den Planer nur in ganz spezifischen Fällen. Wesentlich ist in jedem Fall die begleitende Forschung.

Wenn etwa eine Planungsgruppe an Sozialwissenschaftler herantritt mit der Aufforderung, man möge Hinweise geben, wie eine Satellitenstadt mit 30 000 Einwohnern zu gestalten sei, welches eine optimale Mischung der Bevölkerung wie auch eine optimale Dichte wäre, könnten schlüssige Antworten ohne langwierige theoretische und empirische Arbeiten kaum gegeben werden. Wir besitzen heute keine allgemein richtungsweisenden Modelle.

Vor allem sind die Wechselwirkungen zwischen gesellschaftlicher Schichtung und Mobilität weitgehend ungeklärt. Wir stehen grundsätzlich vor widersprüchlichen Befunden. Eine Begründung dafür liegt wohl im Umstand beschlossen, daß eine allgemeine Theorie über das soziale System von Siedlungen fehlt. Einzelne Monographien sind oft empirizistisch, d. h. es werden Erscheinungen städtischen Lebens beschrieben, ohne daß sie in ihren Zusammenhängen ergründet werden könnten. So führt auch wachsende Mobilität kaum zu einheitlichem Verhalten: „Je mehr Mobilität vorherrscht und damit mehr Chancen für gleichen Status entstehen, desto weniger verhalten sich Menschen egalitär in bezug auf ihre Häuser, ihre Adressen, ihre Nachbarschaften" (*Keller*, 1966).

Es ist nicht zutreffend, großstädtisches Leben als einheitliches Phänomen zu betrachten. Interessanterweise stammen übrigens Forschungsberichte zu diesem Thema vor allem aus einem Land, das ausgesprochen unterbevölkert ist, aus Australien. So weist *Timms* (1971) darauf hin, daß wir die Stadt als „soziales Mosaik" zu betrachten haben. Dieses soziale Mosaik, die außerordentlich vielfältigen Wechselbeziehungen sind nur verständlich, wenn man die einzelnen „Stücke" in ihrer Interaktion mit anderen erfassen kann.

Ebenfalls aus Australien stammt eine der wenigen Studien über das Familienleben in Hochhäusern (*Stevenson*, *Martin*, *O'Neill*, 1967).

Zahlreicher dagegen sind die Monographien, die städtische Gebiete mit homogener Bevölkerung betreffen, insbesondere denken wir dabei an die Untersuchungen über die ethnischen Gettos in Amerika.

Zu erwähnen ist die klassische „Social Pressures in Informal Groups" (*Festinger, Schacht u. Back*, 1950). Es wurde darin aufgezeigt, inwiefern räumliche Verhältnisse Sozialbeziehungen beeinflussen. Jedoch sind die Befunde dieser Untersuchung eines isolierten Quartiers von vorfabrizierten Studentenwohnungen kaum auf andere Verhältnisse übertragbar. Selten wird übrigens ein ähnlicher Grad von Homogenität der Bewohner festzustellen sein.

Ebenfalls fehlen weitgehend umfassende Untersuchungen zwischen räumlichen Verhältnissen in Wohnquartieren und abweichendem Verhalten. Als Beispiel kann dafür erwähnt werden: „Stress and Release in an Urban Estate" (*Spencer*, 1964).

In hochindustrialisierten Ländern, die sich im allgemeinen durch relativ hohe Bevölkerungsdichte, durch ausgeprägte Ballungszentren charakterisieren lassen, werden entsprechende Forschungen bezüglich des Problems von Dichte und Mischung nicht in dem Maße durchgeführt, wie das der gesellschaftspolitischen Bedeutung gemäß wäre.

Es scheint, daß in der Planung entweder Pragmatismus vorherrscht, wobei Interessen jener Gruppen am ehesten gewährleistet sind, die sie auch zu formulieren verstehen und die überdies über die gesellschaftlichen Machtpositionen verfügen.

1.3 Praxisrelevanz

Vorschläge für die Praxis sollten immer einen ganz bestimmten Grad von Sicherheit aufweisen. Wir haben in den bisherigen Darstellungen auf die Komplexität der meist unerforschten Probleme hingewiesen. Spezifische *Vorschläge für Einzelmaßnahmen* scheinen uns deshalb nicht angebracht.

Trotzdem sollte man zwei grundsätzliche Maßnahmen ins Auge fassen:

1. Bei der Relativität von heute gebräuchlichen Nutzungsvorschriften schlagen wir vor, daß in Zukunft Bodennutzung nicht nur nach abstrakten, rein technischen Richtwerten gemessen wird, sondern daß flexible Richtwerte zur Anwendung gelangen.

Es sollen durch rein technische Nutzungsvorschriften den Planern keine Alibis geliefert werden. Insbesondere bei Neuüberbauungen und bei Sanierungsgebieten ist in Zukunft zunächst von den bislang vorgegebenen Nutzungsvorschriften abzusehen.

Es ist die Frage zu klären, in welchen Grenzen Möglichkeiten offengehalten werden müssen, respektive offengehalten werden können. Bestimmte Grenzen müssen deshalb bestimmt werden, damit überhaupt technische Infrastrukturen, Verkehrsmengen, Flächen für öffentliche Bauten und Anlagen einigermaßen sinnvoll vorgesehen werden können. Diese Begrenzungen aber können durch die heute üblichen Ausnützungsziffern nicht definiert werden. Zu klären ist die zu ziehende mittlere Erreichbarkeit, der Anteil des Privatverkehrs, das Ausmaß der öffentlichen Flächen und die Art der Kombination von Flächen. Solche Vorgaben entscheiden über die Nutzung wahrscheinlich stärker als z. B. Vorschriften über Ausnützungsziffern. Sie hängen im übrigen stark zusammen mit den umliegenden Gebieten.

Zuständige Behörden sollten demgemäß vor Erlaß von Bauvorschriften umfassende Planungskonzepte verlangen, aufgrund deren sie dann allenfalls Sonderbauvorschriften gewähren. Dabei sind Planungsgebiete nie isoliert zu betrachten, sondern stets in ihren Wechselwirkungen mit der Umwelt.

2. Planung ist vermehrt als soziale Entwicklungsplanung zu konzipieren. Nicht nur die Planung von räumlichen Aggregaten, die Bereitstellung der Infrastruktur ist wesentlich. Planung ist als Sozialprozeß zu verstehen, deshalb wird in Zukunft vermehrte Flexibilität der Verwendung räumlicher Infrastrukturen notwendig sein.

Da die soziale Verwendung räumlicher Gegebenheiten mit einem Lernprozeß der Bewohner verbunden ist, wird Entwicklungsplanung notwendig. Dies bedeutet, daß alternative Verwendung von räumlichen Gegebenheiten durch Aktionsplanung zu unterstützen ist. Anders ausgedrückt: Planung hört nicht auf mit dem Bereitstellen von räumlichen Infrastrukturen, sie beginnt erst mit der Anlernung zu ihrem Gebrauch.

Sowohl bei der Bereitstellung der Mittel wie im Planungskonzept selbst sind die Aufwendungen für Entwicklungsplanung in Zukunft sehr viel stärker zu berücksichtigen.

Es wird auch nach vermehrter Forschung keine einfachen Rezepte zum Erreichen von optimaler Dichte oder auch optimaler Mischung in einem Planungsgebiet geben. Diese Zielgrößen müssen für jedes einzelne Planungsprojekt neu erarbeitet werden. Zielsetzungen gerade in bezug auf Aspekte der Dichte und Mischung sind immer bestimmten, im einzelnen zu explizierenden Wertvorstellungen verbunden.

Wiederum lassen sich nur ganz grobe Empfehlungen formulieren: starre Forderungen und einseitige Nutzungsmöglichkeiten lassen kaum Raum für gesellschaftliche Entwicklung. Es ist deshalb dafür zu sorgen, daß bei angegebenen Nutzwerten ein möglichst hoher Grad an Flexibilität gewährleistet werden kann.

Es sei hier besonders auf Teil II des Städtebauförderungsgesetzes, die Entwicklungsplanung betreffend, hingewiesen. Es wäre zu untersuchen, inwiefern die Planungspraxis dieser allgemeinen Zielsetzung im einzelnen widerspricht. Das heißt, inwiefern rechtliche Normen diese Ziele de facto verunmöglichen, die de jure bestünden.

In den meisten Fällen sind Planungskonzepte bedingt durch Knappheit in drei Bereichen: Knappheit an Raum, Knappheit an finanziellen Mitteln, Knappheit an Zeit.

Die wirtschaftlichen Kosten eines Planungsprojektes lassen sich im allgemeinen berechnen. Schwieriger ist die Erfassung der sogenannten „social costs". Die Tatsache aber, daß es schwieriger ist, die langfristigen Sozialkosten zu ermitteln, darf nicht zu einer ausschließlichen Priorität ökonomischer Bedingungen führen. Es ist ein verstärkter Einsatz und vermehrte Integration moderner Sozialforschung notwendig. Die Forschung in diesem Bereich muß darüber hinaus auch in der Verwaltung institutionalisiert werden: es ist eine Fortschreibung vom erzielten Forschungsergebnis unabdingbar. Zu verweisen wäre auf das Beispiel der soziographischen Ämter niederländischer Gemeinden. Holland ist das einzige Land, das durch besondere verwaltungstechnische Maßnahmen die Erforschung über Wanderungen ermöglicht, die über einen längeren Zeitraum erfolgen: Die Gemeinden verlangen nicht nur An- und Abmeldung, sondern jeder einzelne Bürger erhält sämtliche Wanderungen, die er durchführte, in der Meldeliste registriert. Es sind darüber hinaus Untersuchungen zur Feststellung von wesentlichen Sozialindikatoren zu unternehmen (*Zapf*, 1972).

Die Verwendung von bevölkerungsstatistischem Sekundärmaterial bedarf in jedem einzelnen Fall der Überprüfung: Zu welchem Zweck, nach welchen Kriterien wurden die Daten erhoben? Welches sind die Anforderungen, die vom Planungsprojekt her an die Daten gestellt werden müssen? Lieber keine Zahlen verwenden als inadäquate.

Selbst beim Fehlen maßgeblicher Sozialdaten ist der Planer verpflichtet, sich Vorstellungen über Folgen seiner Maßnahmen, über Bedingungen, unter denen er plant, zu machen. Folgende durchaus nicht umfassende Problemliste kann dabei behilflich sein:

Check-List

1. *Formulierung der gesellschaftspolitischen Zielsetzung*
   1.1 *Vorgegebene Ziele:* Durch wen vorgegeben? Mit welcher Verbindlichkeit? Welche Bezüge ergeben sich zu Problemen der Dichte und Mischung?
   1.2 *Nicht vorgegebene Ziele:*
   – Wünschbare Zielsetzung
   – Realisierbare Zielsetzung
2. *Planungsgebiet*
   2.1 *Kriterien der Abgrenzung*
   2.2 *Wechselwirkungen zwischen Planungsgebiet und Umgebung*
   2.2.1 Verkehrslage
   2.2.2 Infrastrukturelle Ausstattung – Wohnarten, Wohngrößen, Dienstleistungen, öffentlicher Raum, Freiflächen
   2.2.3 Allgemeine Wohnlage – spezifische Wohnlage
   2.2.4 Verkehrswege innerhalb des Planungsgebietes
3. *Sozialdaten*
   3.1 *Vorhandene Sozialdaten* – nach welchen Kriterien wurden sie erhoben – welches ist ihre Aussagefähigkeit – durch wen wurden sie wann erhoben?
   3.2 *Nicht vorhanden:* nach welchen Kriterien sind Sozialdaten zu erheben, durch wen, in welchem Zeitpunkt? In welchem Umfange?
4. *Dichtemerkmale*
   4.1 *Quantitative Dichtewerte*
   4.1.1 Vorgegeben: BNS/E, NF/E (vgl. S. 35)
   4.1.2 Wünschbare Dichtewerte: BNF/E, NF/E (vgl. S. 35)
   4.2 *Qualitative Dichtewerte*
   4.2.1 Formulierung der Vorstellungen
   4.2.2 Erhebungen über Dichteerlebnisse der Bewohner
5. *„Mischung" der Bevölkerung*
   5.1 *Infrastrukturelle Bedingungen*
   5.1.1 Wohngröße
   5.1.2 Wohntypen
   5.1.3 Homogenität des geplanten Angebotes
   5.1.4 Heterogenität des geplanten Angebotes
   5.2 *Wirtschaftliche Bedingungen*
   5.2.1 Eigentumsverhältnisse – Häuser – Wohnungen

5.2.2 Mietzins pro Wohneinheit pro Wohnlage

5.2.3 Weitere Auswahlkriterien für Mieter (Genossenschaft, Einkommensgrenze u. a. m.)

5.2.4 Behördliche Wohnzuweisung (nach welchen Kriterien, z. B. Aufenthaltsdauer in der Gemeinde u. a. m.)

5.3 *Sekundäre Auswahlmechanismen*

5.3.1 Erreichbarkeit von Arbeitsplätzen

5.3.2 Erreichbarkeit von Bildungsinstitutionen

5.3.3 Erreichbarkeit von Einkaufs-, Freizeit- und Kulturzentren

5.4 *Projektierte Einwirkung auf die demographische Struktur der Bewohner*

5.4.1 Alter

5.4.2 Zivilstand

5.4.3 Kinderzahl

5.4.4 Sozio-ökonomischer Status

5.5 *Projektierte Maßnahmen zur Rahmengestaltung sozialer Verhaltensweisen der Einwohner*

5.5.1 Konzeption für die öffentlichen Bereiche im Planungsgebiet, Verteilung zwischen öffentlichem Raum und privatem Raum – Anordnung der öffentlichen Räume, Verantwortlichkeit und Anlernung zum Gebrauch öffentlicher Räume (Kinderspielplätze, im Hause Bastelräume, Gesellschaftsräume, Einkaufs- und Dienstleistungsräume)

5.5.2 Konzept einer langfristigen Entwicklungsplanung (Gemeinwesenarbeit – Art der Organisation – Zahl und Ausbildung des Personals – rechtliche Mitbestimmung – faktische Mitwirkung der Bewohner)

5.5.3 Planung eines zentralen Dienstleistungsangebotes (Verwaltung – Versorgung alter Leute usw.)

6. *Überprüfung*

Die unter 2–5 erhobenen, respektive formulierten Daten und Konzepte sind mit den Formulierungen der allgemeinen Zielsetzung zu vergleichen. Bei Nichtübereinstimmung wesentlicher Punkte sind folgende Alternativen zu überlegen:

A) Veränderung der Zielsetzung

B) Veränderung einzelner Maßnahmen

C) Bei wesentlichen Nichtübereinstimmungen gesamte Neuplanung.

Diese „Check-List“ erhebt keineswegs Anspruch auf Vollständigkeit. Sie wäre in der Praxis probeweise anzuwenden, zu überprüfen und allenfalls zu ergänzen. Damit der einzelne Planer in die Lage versetzt wird, sich adäquate Vorstellungen über gesellschaftliche Zusammenhänge in bezug auf Dichte und Mischung zu machen, braucht er mehr Information über:

1. Wirkungsweise technologischer Nutzungswerte
2. Dichte und Dichteerlebnis
3. Über Kriterien, nach denen Mischung der Bevölkerung überhaupt ins Auge gefaßt werden kann und über Zusammenhänge zwischen sozialer Schichtung und Mobilität.

Dieser Reihenfolge entsprechen die übrigen Kapitel dieser Arbeit.

2. Die Verwendung von technischen Dichtewerten in der Planung

2.1 Der Dichtebegriff in der Planung

Dichte, ganz allgemein betrachtet, stellt ein Verhältnis zwischen zwei verschiedenartigen Größen – eine Konzentration – dar. Auf dem Gebiet der Physik, der Medizin, der Chemie und der Statistik wird schon lange mit Dichtemaßen und Konzentrationen gerechnet. Im Bereich der Orts-, Regional- und Landesplanung sind Probleme der Dichte erst in letzter Zeit vermehrt zur Diskussion gelangt. Die Schlagworte wie Überbevölkerung und Überfremdung nehmen einen immer breiteren Raum ein.

Wir erleben seit Jahrzehnten eine akzentuierte Verdichtung in den Ballungszentren, die aller Voraussicht nach noch weiter zunehmen wird. *Mackensen* führt die immer noch zunehmende Verdichtung bei gleichzeitiger Ausdehnung großer Städte u. a. auf das Bedürfnis der Menschen nach Kommunikation zurück. Er meint, der Attraktivitätsgrad einer Stadt sei größer als derjenige des flachen Landes, da man in einer Stadt die Möglichkeit zu besserer Information, zu mehr Kontakten und allgemein größere Wahlmöglichkeiten hat. „Wo technischer, wirtschaftlicher, politischer Erfolg ist, dort strömen Menschen hin. Selbst wenn wir es weniger anspruchsvoll ausdrücken: wo die Lebensverhältnisse relativ gesichert sind und das mittlere Einkommen relativ zufriedenstellend, befinden sich Zentren der Attraktivität . . .“ (*Mackensen*, 1967: 98).

Großstädte mit hoher Dichte gab es schon seit dem alten Rom. Die rasche Verbreitung von Agglomerationen ist allerdings ein Spezifikum unserer Zeit.

Für *Lowinsky* ist die Verdichtung der Besiedlung eine systemimmanente und daher notwendige Bedingung unserer modernen Gesellschaft und zugleich die Voraussetzung für die Erhaltung und Verbesserung ihres Lebensstandards (*Lowinsky*, 1967).

2.2 Beispiele für Dichtewerte in Städtebau und Landesplanung

In der Planung treffen wir auf die Begriffe der Wohndichte, der Arbeitsdichte, der Verkehrsdichte und der Baumassendichte.

Eine Wohndichte erhält man, indem man eine bestimmte Anzahl Einwohner zu einer Bezugsfläche in Beziehung setzt, die Beschäftigtendichte, indem man eine bestimmte entweder vorhandene oder in der Planung gewünschte Anzahl Arbeitsplätze pro Flächeneinheit berechnet. Als Flächeneinheit wird meistens der Hektar (ha = 10 000 m²) verwendet. Je nach Art der Fläche, auf die sich die Flächeneinheit bezieht, ergeben sich jedoch sehr unterschiedliche Werte. Es ist daher bei der Angabe von Dichten immer sehr genau auf die Art der gemessenen Fläche zu achten. Üblicherweise berechnet man die Zahl der Einwohner bzw. der Arbeitsplätze pro:

A) totale Fläche des Bezugsgebietes und erhält damit die *Dichte über alles* (E/TF)

B) *Nettosiedlungsfläche* und erhält dadurch die *Nettosiedlungsdichte* (E/NSF)

C) *Nettobaufläche* und erhält damit die *Nettodichte* (E/NBF),

wobei man unter der *Nettosiedlungsfläche* die gesamte Siedlungsfläche einschließlich der Verkehrsfläche und zusätzlicher Flächen für öffentliche Bauten und Anlagen versteht, jedoch ohne Wälder, Wiesen, Flüsse und landwirtschaftlich genutzte Flächen, die bei der Berechnung der *Dichte über alles* noch hinzugenommen werden müßten. Unter der *Nettobaufläche* versteht man die Nettosiedlungsfläche abzüglich der Verkehrsfläche und den Flächen für öffentliche Bauten *(vgl. Maurer, 1968).*

Bei einer *Nettodichte* von 200 Menschen/ha ergibt das z. B. eine Fläche von 50 m², die für jeden Bewohner zur Verfügung steht. Nimmt man die Verkehrsfläche und die öffentlichen Bauten zur Bezugsfläche hinzu (= Nettosiedlungsfläche), so erhält man entsprechend niedrigere Dichtewerte (Nettosiedlungsdichte), da sich die Fläche, die der Einwohnerzahl gegenübersteht, entsprechend vergrößert (z. B. NSF = 150 m²/E ergibt eine Nettosiedlungsdichte von $\frac{10\,000 \text{ m}^2}{150 \text{ m}^2}$ = 66 Einwohner pro Hektar). Man sieht, wie wichtig die deutliche Klarlegung der jeweiligen Bezugsfläche ist, auf welche die Dichtewerte sich beziehen.

Zwei weitere wichtige Dichtemaße, die in der Planung häufig verwendet werden, sind die *Geschoßflächenzahl* (GFZ) und die *Grundflächenzahl* (GRZ). Diese beiden Werte bestimmen zusammen im wesentlichen die *Baumassendichte* einer Überbauung.

Die Geschoßflächenzahl (GFZ) stellt dabei, allgemein ausgedrückt, eine Beziehung zwischen der zur Verfügung stehenden Grundstücksfläche und der erlaubten Geschoßfläche des daraufstehenden bzw. zu bauenden Bauwerks her. So bedeutet z. B. eine Geschoßflächenzahl von 0,5, daß die Geschoßfläche maximal die Hälfte der gesamten Bauparzelle betragen darf.

Die Geschoßflächenzahl allein sagt dabei jedoch noch nichts über den Grad der Überbauung des Grundstücks oder über die Anzahl der Geschosse aus. Man muß die Geschoßflächenzahl zusammen mit der Grundflächenzahl betrachten, um weitergehende Aussagen machen zu können.

Die Grundflächenzahl (GRZ) gibt an, welcher Prozentsatz einer Bauparzelle maximal bebaut werden darf. Eine Grundflächenzahl von 0,5 oder 50 % bedeutet z. B., daß höchstens die Hälfte des Grundstücks überbaut werden darf. Im Extremfall kann die GRZ also den Wert 1 oder 100 % annehmen, d. h., die ganze Parzelle darf überbaut werden.

Die Geschoßflächenzahl kann im Extremfall eines Hochhauses, wie z. B. beim Empire State Building in New York, ein Vielfaches der Bauparzelle, auf dem es steht (z. B. 10), annehmen. Die Kombination der GFZ von z. B. 0,6 mit der GRZ von z. B. 0,2 bedeutet, daß die Bruttogeschoßfläche eines zu bauenden Hauses maximal 60 % der gesamten Bauparzelle ausmachen darf, wobei höchstens 1/5 (20 %) des Grundstücks überbaut werden dürfen.

Bei diesen Werten (GFZ = 0,6, GRZ = 0,2) lassen sich immer noch die verschiedensten Überbauungsarten denken: z. B. bei der maximalen Überbauung von 1/5 der Parzelle, 3 Stockwerke gleicher Fläche (3 x 0,2 = 0,6) oder bei nur 15 % Überbauung der Parzelle 4 Geschosse (4 x 0,15 = 0,60) oder bei nur 10 % Überbauung dann 6 Geschosse (6 x 0,10 = 0,60). Diese Dichtemaße bestimmen von vornherein weitestgehend das gestalterische Bild derjenigen Überbauung, für die sie gelten.

Der Hinweis auf die gebräuchlichen Dichtemaße erhebt keineswegs Anspruch auf Vollständigkeit. Für die folgenden Überlegungen sei noch einmal in Erinnerung gerufen, daß insbesondere der Unterschied zwischen der Dichte über alles und der Netto-Siedlungsdichte wesentlich ist. Es ist außerordentlich schwierig, schlüssige Vergleiche anzustellen, weil einerseits die Art der Messung unterschiedlich ist, andererseits insbesondere von Planern beinahe sämtliche Flächenstatistiken als ungenügend angesehen werden.

2.3 Probleme der Vergleichbarkeit von Dichtewerten

In diesem Abschnitt wollen wir uns mit denjenigen Schwierigkeiten beschäftigen, die bei der Anwendung von Dichtemaßen in der planerischen Praxis auftreten.

2.3.1 Uneinheitliche Definition und Anwendung von Dichtewerten

Dichtewerte werden, je nach der Problemstellung, für unterschiedlich große Bezugsflächen berechnet. Schwierigkeiten, die sich aus der Verschiedenartigkeit der Bezugsbasis ergeben, werden wir anschließend unter 2.3.2 aufzuzeigen versuchen.

Man kann Maßzahlen überhaupt erst dann direkt miteinander vergleichen, wenn sie auf dieselbe Art berechnet wurden. Sehr oft werden in der Praxis unterschiedlich berechnete Werte verglichen.

Als Beispiel wollen wir uns einmal die Geschoßflächenzahl herausgreifen und zeigen, wie unterschiedlich allein dieses eine Dichtemaß definiert und auch verwendet wird.

Egli führte 1965 eine Untersuchung über die Anwendung der Geschoßflächenzahl in der Schweiz durch. Er stellte dabei fest, daß von 19 Stadtgemeinden (= Orte mit über 10 000 Einwohnern) 16 eine verschiedenartige Definition verwendeten und nur 3 Orte eine gleichlautende Definition gebrauchten. *Egli* schreibt dazu: „Nicht nur sind die zur Anwendung gebrachten Bezeichnungen sehr unterschiedlich (Summe aller Flächen, Bruttofläche, Grundfläche aller . . ., Bruttonutzfläche, Grundstücksfläche, Parzellenfläche, Grundstück, Bauparzelle, Bruttolandfläche), vielmehr werden auch unterschiedliche Begriffe zur Anwendung gebracht (oberirdische Geschoßflächen, nutzbare Geschoßflächen, Geschoßflächen ohne Keller, Geschoßflächen Oberterrain, Vollgeschosse, anrechenbare Geschosse, berechnungspflichtige Geschoßfläche, Bruttonutzfläche)" (*Egli,* 1965: 13).

Die absolut notwendige Minimalanforderung, um einen Vergleich von an verschiedenen Orten gewonnenen Dichtewerten durchführen zu können, wäre eine einheitliche Definition der entsprechenden Maße. Ohne gleichlautende Begriffsbestimmung und gleiche Berechnungsart entfällt die Möglichkeit des Vergleichs von Dichten in verschiedenen Gemeinden.

2.3.2 Die Verschiedenartigkeit der Bezugsbasis

2.3.2.1 Versuche der Homogenisierung der Bezugsfläche

Dichteziffern sind nur dann sinnvoll verwendbar, wenn im Zähler und Nenner vergleichbare Werte stehen. Bei Dichtewerten trifft dies für den Zähler in der Regel zu, da dort die Zahl der Einwohner eines bestimmten Bezugsgebietes aufgeführt wird. Selten ist dies jedoch für den Nenner der Fall. Im Nenner finden wir die Bezugsflächen, die jedoch von sehr unterschiedlicher Qualität sein können. Es hat daher in der Vergangenheit nicht an Versuchen gefehlt, die Dichtewerte zu „veredeln" oder zu „bereinigen". Ziel dieser Bemühung war jeweils, eine Erhöhung der Vergleichbarkeit der Flächen zu erreichen. Man versuchte, die miteinander verglichenen Flächen möglichst homogen zu halten. Bei der Berechnung der Siedlungsdichte z. B., scheidet man alle nicht direkt zu Siedlungszwecken verwendeten Flächen, wie z. B. Wald, Landwirtschaftsfläche und Gewässer, aus. Es ist indes fraglich, ob die derart ermittelten Dichtewerte vergleichbarer geworden sind.

Bei dem Versuch, die Flächen, auf welche sich die Dichtewerte beziehen, möglichst gleichartig zu halten, gingen einige Planer, wie z. B. *Fehre,* zur Bildung „homogener Blöcke" über. Dahinter steht die Idee, daß es um so einfacher ist, eine homogene Bezugsbasis zu erreichen, je kleiner die miteinander verglichenen Gebiete sind, da es dann leichter wird, Flächen ungefähr gleicher Qualität auszusondern. Eine derartige, mehr oder weniger künstliche Gleichhaltung der Bezugsbasis führt zwar einerseits zu einer relativ homogenen Bezugsbasis, andererseits aber sagt ein auf diese Art ermittelter Dichtewert so gut wie nichts über den „Wohnwert" eines Siedlungsgebietes aus.

Boustedt (1967) kritisiert ebenfalls den Vergleich von homogenen „Mini"-Flächen, da er der Ansicht ist, daß der „Wohnwert" eines Gebietes wesentlich durch die jeweilige Umgebung mitbestimmt wird. Er illustriert an einigen Beispielen, daß es ein großer Unterschied ist, ob man in einem Villenviertel direkt am Wald wohnt, oder ob ein Villenviertel an ein dichtbesiedeltes Wohngebiet angrenzt. Ein Dichtewert von 122 Einwohnern pro ha z. B., sagt, so gesehen, wenig über den „Wohnwert" eines Stadtbezirkes aus. Ein Stadtbezirk muß in Bezug zu der Umgebung gesehen werden (Wald, Industrie u. a. m), bevor über den „Wohnwert" und das damit verbundene „Dichteerlebnis" etwas ausgesagt werden kann.

Wir haben hier den Begriff „Wohnwert" einer Siedlung verwendet, ohne ihn näher zu definieren. Die ganze Problematik, die mit dem sehr vielschichtigen Begriff des „Dichteerlebnisses" verbunden ist – welches wiederum wesentlich den empfundenen Wohnwert eines Gebietes beeinflußt – wird im folgenden Kapitel behandelt.

2.3.2.2 Streuung des Dichtemaßes

Ein anderes Problem, das sich bei dem Vergleich von Dichteziffern ergibt, ist die Streuung des Durchschnittswertes über die gesamte Bezugsfläche. Bei Dichteberechnungen geht man stillschweigend von der Annahme aus, daß sich die Bevölkerung gleichmäßig über die Bezugsfläche verteilt. Die technischen Dichtemaße sind vornehmlich statistischer Natur. Bei einem Staat als Bezugsfläche ist es unter Umständen möglich, daß der errechnete Dichtewert in keinem Teil dieses Landes auch tatsächlich existiert. Es darf auf keinen Fall von quantitativen Dichtewerten auf qualitative Merkmale geschlossen werden.

Am Beispiel der Bevölkerungsdichte Ägyptens zeigt sich, daß man beim Vergleich von globalen Dichtemaßen sehr vorsichtig sein muß. In diesem Land lebt z. B. fast die gesamte Bevölkerung im Niltal und an der Mittelmeerküste, d. h. auf nur 3 % der Gesamtfläche des Landes, währenddessen 97 % Ägyptens aus Wüstengebieten bestehen, die praktisch unbewohnt sind (*Elsasser*, 1972: 45). Das ergibt dann eine entsprechend extrem ungleiche Streuung der Bevölkerung über das ganze Staatsgebiet. Die Bevölkerungsdichte für ganz Ägypten beträgt nur 26 Einwohner pro qkm, währenddessen die Bevölkerungsdichte des Niltals 720 Einwohner pro qkm beträgt. Interessant ist an diesem Extremfall noch, daß der Übergang von den dichtbesiedelten Gebieten des Niltals zur Wüste hin nicht etwa abgestuft erfolgt, sondern mehr oder weniger schlagartig durch den steilen Abfall des Wüstenplateaus gekennzeichnet ist.

Man könnte nun glauben, im dichtbesiedelten Europa könne man die Streuung der Bevölkerung über die Bezugsfläche eher vernachlässigen, da es hier ja keine so extremen Gegensätze wie in Ägypten gibt. Dagegen muß jedoch eingewendet werden, daß dies nur eine Frage der Abgrenzung der Bezugsfläche ist. Vergleicht man z. B. die Bevölkerungsdichte schweizerischer Gemeinden miteinander, so ergeben sich auch hier ganz erhebliche Unterschiede zwischen dichtbesiedelten Großstädten einerseits und einsamen Berggebieten andererseits.

In der am dichtesten besiedelten Stadt Genf lebten 1960 11 000 Einwohner/qkm, in der am dünnsten besiedleten Gemeinde Fieschertal im Oberwallis hingegen nur 1,3 Einwohner/qkm, bei einem schweizerischen Durchschnitt von 131,4 Einwohner/qkm. Aus diesen Überlegungen geht hervor, daß man bei der Berechnung von Dichtewerten eigentlich auch den Zähler der Dichteformel berücksichtigen müßte. D. h., es wäre für die Erfassung der Einwohner eines Gebietes ein Konzentrations- oder Streuungsmaß zu verwenden, wie es teilweise bei der Darstellung der räumlichen Konzentration von Industriebetrieben schon geschieht.

Nebenbei sei noch bemerkt, daß speziell in Hinsicht auf die oft diskutierte Frage nach der Überbevölkerung eines Gebietes nicht nur die Verteilung der Bevölkerung über ein Land beachtet werden muß, sondern daß hier noch etliche andere Aspekte berücksichtigt werden müssen. *Elsasser* stellt dazu fest: „Ein Vergleich der Bevölkerungsdichte verschiedener Staaten oder Gebiete kann nur dann ein reales Bild der Bedeutung der einzelnen Werte liefern, wenn auch die natürlichen Gegebenheiten, die wirtschaftlichen, technischen und sozialen Entwicklungsstufen in die Betrachtung einbezogen werden" (1972: 45).

2.3.2.3 Unterschiedliche Ausdehnung des Verdichtungsraumes

Wie schon bei dem Problem der Streuung eines Dichtemaßes über ein bestimmtes Bezugsgebiet, stoßen wir auch bei der Betrachtung der Ausdehnung eines Verdichtungsraumes auf die Schwierigkeit, daß oft versucht wird, aus rein quantitativen Verhältniszahlen qualitative Aussagen abzuleiten. Derartige Versuche sind von vornherein zum Scheitern verurteilt. Die Gründe hierfür wurden in der Einleitung schon kurz angesprochen und werden in den beiden folgenden Kapiteln noch eingehender zur Darstellung gelangen. Gerade anhand der unterschiedlich großen Ausdehnung eines Verdichtungsraumes läßt sich an einem einfachen Beispiel zeigen, wie vorsichtig man bei dem Vergleich von Dichtewerten sein muß, da viele nicht kontrollierbare qualitative Aspekte von großer Bedeutung sein können.

Der Dichtewert des Kerngebietes der Stadtregion Ruhrgebiet liegt mit 2413 Einwohner/qkm sogar noch etwas unter dem Dichtewert der Stadtregion München mit 3764 Einwohner/qkm. Der Raum München jedoch erstreckt sich nur über eine Fläche von 431 qkm, wogegen sich das Ruhrgebiet über rd. 2033 qkm erstreckt. Hier spielt der qualitative Aspekt der Ausdehnung eines Verdichtungsraumes eine wesentliche Rolle, denn um die Intensität einer Verdichtung richtig beurteilen zu können, muß man auch den *Weg* berücksichtigen, den man zurücklegen muß, wenn man in die freie Landschaft gelangen will, ebenso wie die *Zeit*, die dazu notwendig ist. Auch die *Form* eines Siedlungsgebietes spielt dabei eine wesentliche Rolle. Es ist ein Unterschied, ob man aus der Mitte einer ungefähr kreisförmigen Stadt in die freie Natur gelangen will oder aus der Mitte eines langgezogenen Siedlungsgebietes. Im ersten Fall wird man, um ins Grüne zu gelangen, einen wesentlich längeren Weg zurückzulegen haben als im zweiten Fall.

Nimmt man bei München eine kreisförmige Gestalt des Raumes an, ergibt sich vom Mittelpunkt bis zur Peripherie der Region eine Wegstrecke von 12 km, beim Ruhrgebiet bei rund fünffacher Ausdehnung des Siedlungsgebietes hingegen eine Strecke von 25 km. Wobei man nicht etwa die Zeit, die nötig ist, um diese Strecke zurückzulegen, im Falle des Ruhrgebiets einfach verdoppeln kann, da hier wieder etliche andere Faktoren, wie z. B. die Qualität des Straßennetzes, die Verkehrsdichte etc., eine wesentliche Rolle spielen, d. h. die „Intensität" eines Verdichtungsraumes mit beeinflussen (vgl. *Boustedt*, 1967: 20 f.).

2.3.2.4 Dichtewerte im Zeitablauf – Die Mischung der Nutzungsarten

Die Vergleichbarkeit von Dichtemaßen untereinander wird stark durch die unterschiedliche zeitliche Gültigkeit der ermittelten Dichtewerte beeinträchtigt. Bei der Ermittlung der *Wohndichte*, der *Beschäftigtendichte* und teilweise auch der *Verkehrsdichte* geben die ermittelten Werte die maximale Belastung z. B. eines Siedlungsgebietes oder eines Straßenabschnitts an.

Im Falle der Siedlung wird diese maximale Dichte jedoch nur zu den Nachtstunden erreicht, wenn fast alle Bewohner zu Hause sind und schlafen, tagsüber hingegen nie. Umgekehrt verhält es sich bei der maximalen Beschäftigtendichte, die nur tagsüber tatsächlich auftritt und gegen Abend rapide abnimmt.

Bei der Verkehrsdichte tritt die maximale Dichte hingegen wieder nur zu bestimmten morgendlichen und abendlichen Spitzenzeiten auf, den sogenannten „rush hours", d. h. zur Zeit des Wechsels vom Schlafen/Wohnen zum Arbeiten und wieder zurück.

Für den Vergleich von Dichtewerten liegt die Schwierigkeit darin, daß die Dichtemaße in der Regel ohne eine zeitliche Einschränkung ihrer Gültigkeit angegeben werden. Für das „Dichteerlebnis" des einzelnen Menschen ist es jedoch entscheidend, wie lange er einer bestimmten hohen Dichte ausgesetzt ist. Die große Schwierigkeit bei der Ermittlung der Dichteerfahrung als „Dichteerlebnis", liegt einerseits in der Erfahrung verschiedener Dichten während eines Tages, während unterschiedlich langen Zeiträumen, die außerdem, bei objektiv gleicher Intensität, noch unterschiedlich stark empfunden werden.

Die verschiedenen Dichten sind in der Regel im Tagesablauf außerordentlich schwankend. *Pahl* (1967: 51) bemerkt dazu: „In manchen verkehrstechnisch geschickt geplanten neuen Wohnanlagen, also zusammenhängenden größeren Stadtgebieten, in denen die Wohnungen den weitaus überwiegenden Teil der Nutzung ausmachen, ist die Verkehrsdichte außerordentlich gering, die Beschäftigtendichte von kaum nennenswerter Größe, die Einwohnerdichte jedoch mit vielleicht 400 Einwohnern je ha Nettowohnbauland relativ hoch. In Duisburg-Ruhrort z. B. oder in Völklingen an der Saar ist die Beschäftigtendichte immens, die Einwohnerdichte und die Baumassendichte dagegen sind vergleichsweise unerheblich, die Verkehrsdichte ist schwankend."

Ein extremes Beispiel für die starken zeitlichen Schwankungen von Dichtewerten bildet das Siedlungsgebiet „Neue Vahr" in Bremen. Die Beschäftigtendichte beträgt hier, bezogen auf das Nettobauland, 10,1 je ha, bei einer Einwohnerdichte von 320 Einwohnern je ha Nettobauland. D. h., daß nur 10 Einwohner von den 320 Einwohnern je ha einen Arbeitsplatz in diesem Stadtteil haben können. Das führt in diesem Falle dazu, daß täglich 10 000 Menschen von den insgesamt 34 000, die dort wohnen, zur Arbeit die Siedlung verlassen, „auspendeln", wie es im Fachjargon genannt wird, und abends wieder in ihre Wohnung zurückkehren. Tagsüber wirkt diese Siedlung dementsprechend sehr ruhig und leer, es ist ein Beispiel einer sogenannten „Schlafstadt".

Pahl (1967: 51) beschreibt den Eindruck, den eine ähnliche „Schlafstadt" in München bei ihm hinterlassen hat, wie folgt: „Ich habe in dem baulich zum Teil sehr ansehnlichen und interessanten Fürstenried Nachmittag und Abend eines frühsommerlichen Werktages verbracht. Es gibt dort einen großen Platz vor einem 120 m breiten und 14 Geschosse hohen Wohnhochhaus, der zudem dreiseitig von Geschäften und Gaststätten umgeben ist und unter dem sich eine große Tiefgarage befindet. Ich habe diesen Platz während meiner Wanderungen durch Fürstenried mehrmals berührt und zur Zeit des nachmittäglichen Berufsverkehrs und auch am Abend noch einmal vom örtlichen gastronomischen Angebot Gebrauch gemacht und durch große Glasfronten den ganzen Bereich übersehen. Beim Versuch, die Passanten zu zählen, wäre ich mangels Masse wahrscheinlich eingeschlafen, hätte mich nicht der Gedanke beschäftigt, wovon die Geschäfte eigentlich existieren. Ebenso spärlich war die Zahl der Autos, die Zu- und Ausfahrt der Tiefgarage benutzten. Gegen 23 Uhr war die Straßenbahn in Richtung Münchner Innenstadt fast leer, während in der Gegenrichtung vollbesetzte Züge mit zwei Anhängern fuhren." Derartig starke Schwankungen bei Dichtewerten können vornehmlich dann entstehen, wenn eine Mischung verschiedener Nutzungsarten fehlt.

Die Frage ist offen, von welchen Nutzungen im einzelnen gesprochen wird, auch sei der Hinweis erlaubt, daß Mischung von Nutzung allein noch nicht gewünschte Dichten ergibt: Besonders der Hinweis auf die industrielle Großstadt des letzten Jahrhunderts mag in dieser Beziehung dienlich sein. Sie war geprägt durch eine „volle Mischung der Nutzung", indem Industrie, Schweinestall, Sägerei und Wohnungen sowie Läden und Gaststätten kunterbunt im Raume gestreut waren. Eine solche Mischung scheint keineswegs wünschbar, sie war auch nicht geplant, sondern ist als Überlagerungsphänomen verschiedener Entwicklungsstadien auf gleichem Raum zu sehen. Ganz allgemein ist die heutige Diskussion über Mischung und Nutzung durch eine weitgehende Verschwommenheit gekennzeichnet. Das hauptsächliche Problem der Verdichtung von tertiären Arbeitsplätzen in den Stadtkernen läßt sich beispielsweise nicht durch „Nutzungsmischungen" lösen. Würden wir beispielsweise Dienstleistungsbetriebe in kleinen Einheiten über ein ganzes Stadtgebiet verteilen, wäre wahrscheinlich die Verminderung der mittleren Erreichbarkeit für alle die Folge. Es würden für einen großen Teil der Arbeitenden längere Arbeitswege, größerer

Flächenbedarf für Arbeitsplätze und damit schließlich eine Erhöhung der Nettosiedlungsfläche pro Einwohner resultieren.
Das Gegenbeispiel zu den „Schlafstädten" bilden die sehr geringen Wohndichten in den Zentren mancher Großstädte, was zu der bekannten Erscheinung der Verödung dieser Gebiete außerhalb der Arbeitszeit führt. Es gibt einige europäische und amerikanische Großstädte, in denen der Stadtkern bei weitem nicht mehr der am dichtesten besiedelte Teil ist, wie es noch vor gar nicht allzulanger Zeit allgemein der Fall war. In der Schweiz kann man am Beispiel von Bern gut die schon seit einiger Zeit in Gang gekommene Entvölkerung der Innenstadt verfolgen. Die Volkszählung von 1970 zeigt, daß während der 10 Jahre von 1960 bis 1970 die Wohnbevölkerung der Berner Innenstadt um 1900 Personen auf 6300 Personen abgesunken war. Sie macht damit nur noch 4 % der Gesamtbevölkerung Berns (= 162 405 Einwohner) aus.* Gegenüber dem Stand von 1960 sank die Einwohnerzahl damit um 25 %, verglichen mit 1941 zählt der Stadtkern heute sogar weniger als die Hälfte und bezogen auf 1880 wohnen heute nur 28 % der damaligen Bevölkerung in der Innenstadt. Dabei war aber in Bern 1970 die Innenstadt, verglichen mit anderen Quartieren, mit 76 (1960 noch 99) Einwohnern pro ha immer noch der am dichtesten besiedelte Bezirk der Stadt.
Hinter der Entvölkerung von City-Regionen stehen meist wirtschaftliche Ursachen, da sich zunehmend Dienstleistungsunternehmen (Banken, Kaufhäuser) und Konzernverwaltungen ansiedeln, die allein in der Lage sind, die in diesen Gebieten geforderten hohen Bodenpreise und Mietzinsen zu entrichten.
Sowohl den Wohnpreisen wie den Mietzinsen müssen Vorteile entsprechen: Einerseits ermöglicht große Dichte hohen Umsatz (Warenhäuser), andererseits gewährt die günstige Verkehrslage (Erreichbarkeit) die Ausschöpfung des Arbeitsmarktes. Voraussetzung für beides ist optimale Verkehrserschließung der City. Diese Zusammenhänge sind keineswegs zureichend erforscht worden. Die starke Schwankung verschiedener Dichten im Tagesablauf ist nur bis zu einem gewissen Grad durch planerische Maßnahmen beeinflußbar; vor allem, wenn es sich um noch zu bauende Quartiere handelt. *Pahl* sieht in der großflächigen Gliederung der Nutzungsarten (Wohnen, Arbeit, Verkehr) einen Hauptgrund für die starke Schwankung der Dichtewerte. Er meint: „... andererseits sind auch die planerischen Entscheidungen über die Art der Nutzung von wesentlichem Einfluß auf den Grad der Dichtebildung. Die Baunutzungsverordnung überläßt dem Planer vollkommen die Entscheidung darüber, in welchem Ausmaß er von ihren Klassifizierungen Gebrauch macht, ob er die angebotene Ska-

* Angaben entnommen aus: Statistisches Amt der Stadt Bern, Vierteljahresberichte, Jg. 45 (1971) 1, S. 35

la ausspielt oder sich auf wenige Möglichkeiten beschränkt, ob er ein Kleinmosaik mit hohem Mischungsgrad oder eine großflächige Verteilung der verschiedenen Nutzungsarten mit weitgehender Entflechtung für angemessen hält" (*Pahl*, 1967: 53).

Diesem Zustand könnte dadurch abgeholfen werden, daß dem Planer für eine wünschbare Mindestmischung der Nutzungsarten gewisse Vorgaben gemacht werden.

Andererseits muß man sich jedoch vor Augen halten, daß eine sehr starke Mischung der Nutzungsarten, wie sie z. B. in den meisten Städten des 19. Jahrhunderts anzutreffen war (Wohnung, Industrie, Handel, Dienstleistungen in unmittelbarer Nähe), durchaus Probleme – aber eben anderer Art – Industrie-Immissionen, Lärm, Ver- und Entsorgung, mit sich gebracht hat. Eine „ideale" Mischung läßt sich wohl kaum vertreten, es sind derart viele verschiedenartige Faktoren, wie ökonomische Überlegungen, räumliche Ausdehnung, Verkehrserschließung, Freizeitwert, Tradition u. a. m. im Spiel, daß es jeweils darauf ankommt, welchem dieser Faktoren man bei der Entscheidung für eine bestimmte Mischungsart den Vorrang geben möchte.

2.3.2.5 Probleme der Abgrenzung von Bezugsflächen

Zum Schluß der Kritik von vornehmlich technischen Anwendungen von Dichtewerten muß noch auf das Problem der Abgrenzung der verschiedenartigen Bezugsflächen eingegangen werden. Bei der Frage nach den Kriterien zur Abgrenzung von Bezugsflächen, die auch der Berechnung von Dichtewerten zugrunde liegen, ist festzustellen, daß im allgemeinen sehr pragmatisch vorgegangen wird. In der Regel hält man sich an die politisch gegebenen Grenzen (Staat, Land, Kreis, Gemeinde, Stadtteil, Siedlung). Bei derartigem Vorgehen wird der Bezug eines betrachteten Gebietes zum Gesamtraum fast immer völlig vernachlässigt. Die überkommenen politischen Grenzen sind für Planungszwecke kaum mehr eine relevante Bezugsbasis.

Ein ähnliches Problem, wie das der Abgrenzung der Bezugsfläche bei der Berechnung von Dichtewerten, stellt sich auch bei der Suche nach zweckdienlichen Abgrenzungskriterien für Regionen.

So stellen *Atteslander/Oetterli* (1972: 6) fest, daß die Region in der Planung bis heute fast ausschließlich als geographische oder wirtschaftliche Einheit betrachtet wurde. Es wird zwar viel von Regionen gesprochen, jedoch ohne je die Kriterien ihrer Abgrenzung klarzulegen: „Was heute als Region betrachtet wird ist weitgehend Sache einer mehr oder minder systematisch erreichten Übereinkunft. Diese Übereinkunft kann sowohl eine Summierung von Vorurteilen sein, wie auch ein Aggregat von Unterscheidungsmerkmalen, die systematisch nicht explizit untersucht worden sind" (1972: 6). Dabei kommen *Atteslander/Oetterli* auch zur Ansicht, „daß historisch gewachsene Verwaltungseinheiten nur in den wenigsten Fällen mit einer Region in prognostischem Sinne übereinstimmen" (1972: 8).

Sowohl bei Regionen wie auch bei Dichteberechnungen kommt es nicht so sehr darauf an, welche Merkmale zur Abgrenzung herangezogen werden, sondern vielmehr auf die Relevanz dieser Merkmale, d. h. auf den systematischen Zusammenhang der Bedeutungen, die wir diesen Merkmalen zumessen.

Historisch hat sich vor allem die Sozialökologie mit der Abgrenzung von Regionen befaßt. In letzter Zeit wird der sozialökologische Ansatz daher auch wieder in vermehrtem Maße diskutiert. (Siehe auch *Atteslander/Hamm*, 1974).

2.4 Planungsrelevanz: Die Aussagekraft technischer Dichtewerte

Nachdem wir auf den vorhergehenden Seiten stichwortartig die Problematik aufzuzeigen versucht haben, die mit den in der Planung verwendeten Dichtebegriffen verbunden ist, wollen wir in diesem Abschnitt noch einmal kurz auf die Aussagekraft eingehen, die eindimensionalen Dichtewerten zuzuschreiben ist.

Generell kann festgestellt werden, daß die Aussagekraft technischer Dichtewerte heute in der Planung bei weitem überschätzt wird*.

Dies ist vor allem dadurch zu erklären, daß oft angenommen wird, es könnten aufgrund von – technisch oft mit viel Raffinement – ermittelten Dichteziffern, Aussagen über qualitative Aspekte, die mit einem Projekt verbunden sind, gemacht werden. Dem muß entgegengehalten werden, daß – wie schon vorher erwähnt – technische Dichtewerte z. B. über qualitative Erscheinungen, wie das „Dichteerlebnis", das ein Bewohner einer bestimmten Siedlung tatsächlich empfindet, überhaupt nichts aussagen können.

Gebaut wird jedoch für die Menschen, die später einmal in einer Siedlung wohnen sollen. Von entscheidender Bedeutung für den Planer sind daher auch deren Wünsche und Empfindungen in bezug auf ihre Wohnsituation. Daher wäre

* Vgl. auch zu diesem Thema: K. Borchard: Zur Problematik städtebaulicher Orientierungs- und Richtwerte, in: StadtBauwelt 1969, Heft 51/52, S. 267–269 sowie H. Hübner: Richtwerte und Werturteile, in: StadtBauwelt 1969, Heft 51/52, S. 270 bis 272

für die Planung ein Dichtemaß zu fordern, welches z. B. nicht nur die Baumassendichte, die Verkehrsdichte, die Arbeitsplatzdichte etc. berücksichtigt, sondern auch die Dichte des Sozialverhaltens, als einen weiteren entscheidenden Faktor für das „Dichteerlebnis“ in die Berechnungen einbezieht.

Gerade über das Sozialverhalten können die heute gebräuchlichen Dichtemaße, ganz abgesehen von den technischen Problemen, die mit ihrer Erhebung verbunden sind, wenig aussagen.

3. Dichte und soziales Verhalten

3.1 Dichte und Dichteerlebnis

Dichte und Dichteerlebnis verhalten sich ähnlich wie Schall und Lärm: Lärm ist keine physikalische Größe. Gemessen werden kann nur Schall. Lärm ist ein Begriff, der die kognitive Verarbeitung des Schalles beinhaltet. Bei gleichem Schall, also bei gleichen Phonzahlen, wird das eine Individuum Lärm empfinden, ein anderes nicht.

Ähnlich verhält es sich mit der Dichte. Lebt eine bestimmte Anzahl von Menschen in einem abgegrenzten Raum, ist das Dichteerlebnis für einzelne Individien höchst unterschiedlich. Das eine empfindet die Dichte angenehm, das andere leidet an „Überbevölkerung". Allgemeine Richt- und Grenzwerte, die bei einer bestimmten Dichte spezifische soziale und psychische Reaktionen erwarten lassen, sind nicht bekannt. Zwar kennen wir Untersuchungen, nach denen etwa durchschnittlich mehr Krankheiten und auch mehr Kriminalität in dichtbevölkerten Stadtgebieten zu verzeichnen sind. Dabei ist aber sofort zu bemerken, daß Dichte allein nicht der bestimmende Faktor ist, sondern daß dazu mindestens die Soziallage der Bewohner wie auch die Art der Gebäude eine wesentliche Rolle spielen.

Im folgenden wird der Begriff des *Dichteerlebnisses* ähnlich verwendet wie jener des *Wohnerlebnisses bei Silbermann* (1963). Er lehnt eine Kategorisierung der individuellen Erlebnisse, beispielsweise in sachliche, intellektuelle, sentimentale, romantische Elemente, respektive in mittelbare oder unmittelbare Reaktionen u. a. m. ab.

Dagegen unterscheidet er drei Ausdrucksweisen des sozio-emotionalen Bereichs:

a) *die theoretische oder lehrmäßige,* bei der Formen, Symbole, Schemata – alles was zur Entwicklung von Systemen dient – zur Diskussion stehen,

b) *die praktische,* unter die alle diejenigen Aktionen fallen, die vom Wohnerlebnis herrühren,

c) *die soziologische,* die dazu dient, soziale Beziehungen zu schaffen und zu erhalten.

Wohnen wird als gesellschaftliches Verhalten definiert. Während *Silbermann* das Wohnen in bezug auf einen ganz bestimmten Reiz, nämlich den des Wohnerlebnisses, untersucht, versuchen wir, den Reiz „Dichte" in den Griff zu bekommen.

Wenn wir Dichte als Reiz begreifen, wird sehr rasch deutlich, daß Dichte ein Syndrom verschiedener Merkmale darstellt. Wir können fragen: Wodurch wird das Dichteerlebnis sozial bestimmt? Und ebenfalls: Wodurch bestimmt das Dichteerlebnis soziales Verhalten?

Die Silbermannschen Bereiche, theoretische, praktische und soziologische, müssen meines Erachtens in bezug auf das Dichtephänomen modifiziert werden. In der Folge werden daher die drei Bereiche unterschieden:

1. Infrastrukturelle Aspekte
2. Öffentliches Verhalten
3. Intimverhalten

Es ist davon auszugehen, daß wir menschliches Verhalten in einem bestimmten abgrenzbaren Raum, etwa dem Wohnquartier, betrachten. Welche Attitüden bestimmen das Verhalten, inwiefern haben räumliche Gegebenheiten Einfluß auf Attitüden?

Die vorgeschlagene analytische Unterscheidung trägt dem Umstand Rechnung, daß wir, ähnlich wie bei der Wohnung und dem Wohnerlebnis, soziales Verhalten örtlich fixiert betrachten können, das aber durch weitere gesellschaftliche Faktoren bedingt ist. Das Dichteerlebnis schließlich begreifen wir als kognitive Erfahrung der Umwelt. Dies ist nicht ausschließlich, doch in wesentlichen Beziehungen raumbedingt.

Es geht im folgenden um eine Erläuterung von Wechselbeziehungen, wobei Hypothesen zur Diskussion gestellt werden, die darüber Auskunft geben sollen, wie stark raumbedingt einzelne der wirkenden Faktoren sind. Nur wenn wir diese Zusammenhänge studieren, können wir eine Antwort auf die Frage der Raumrelevanz planerischer Maßnahmen geben.

Weder liegen dafür ausreichende theoretische Entwürfe vor, noch sind umfassende empirische Arbeiten durchgeführt worden.

Wir gehen dabei von der theoretischen Grundannahme aus, daß soziales Verhalten zwar immer räumlich fixierbar ist, durch Räume aber nie vollständig determiniert wird. Wir nehmen des weiteren an, daß die Beeinflussung des Sozialverhaltens durch räumliche Veränderung im allgemeinen überschätzt wird. Schließlich verweisen wir auf den Umstand, daß kognitive Umweltaufnahme maßgeblich die Attitüden, also die Verhaltensprädisposition, bestimmt. Die Wirkungsweise dieser kognitiven Umweltaufnahme durch das Individuum ist durch zahlreiche gesellschaftliche Faktoren bestimmt. Wir umschreiben sie zunächst einmal mit ‚Soziallage des Individuums'.

Wir halten folgende Annahme für falsch:

Daraus ist zu folgern, daß Dichte (D) das Sozialverhalten (SV) nicht direkt beeinflußt. Wenn wir Dichte variieren, verändern wir nicht im gleichen Ausmaß das Sozialverhalten. Dichte kann nicht nur verstanden werden als eine bestimmte Anzahl von Menschen, die in einem abgegrenzten Raume leben.
Wir halten eine weitere Annahme für falsch:

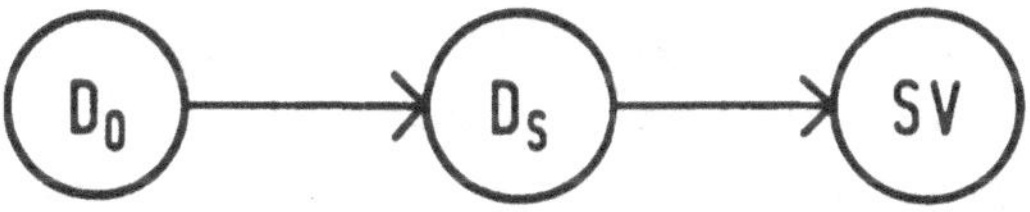

D_0 = Dichte objektiv
D_s = Dichte subjektiv

Dichte bedeutet immer eine Relation zwischen verschiedenartigen Größen. In unserem Falle müßten wir von Individuen pro Flächeneinheit sprechen.
Wir könnten unterscheiden zwischen objektiven Merkmalen: Wir zählen die Anzahl Menschen pro Flächen- oder Raumeinheit und erhalten so verschiedene Grade der Konzentration.

Vom einzelnen Individuum her betrachtet, ergeben sich subjektive Merkmale der Dichte, d. h., das einzelne Individuum nimmt unter Umständen die Relation anders wahr als ein anderes Individuum. Die Annahme, daß die objektiven Dichtemerkmale direkt subjektive Dichtemerkmale, sprich Dichteerlebnis, ergeben und diese wiederum direkt das Sozialverhalten beeinflussen, halten wir für falsch.

Diese Bemerkung ist deshalb wesentlich, weil wir durch raumplanerische Maßnahmen die objektive Dichte direkt verändern können. Wir können, zumindest theoretisch, die Dichte, d. h. die Konzentration von Menschen pro Raum, beliebig variieren. Trotzdem wird das Dichteerlebnis des einzelnen, mit ihm auch ganzer Gruppen nur mittelbar beeinflußt und damit das Sozialverhalten keineswegs eindeutig steuerbar.

Selbst wenn wir praktisch nur ganz bestimmte objektive Dichten herbeiführen können, Extremwerte wie ganz niedrige und ganz hohe Dichte nicht anstreben, müssen die Wechselwirkungen zwischen raumplanerischen Maßnahmen und Sozialverhalten der Menschen untersucht werden. Es müssen theoretische Erklärungen für die relativ geringe Wirkung raumplanerischer Maßnahmen auf das Sozialverhalten dargelegt werden. Dazu ist es nötig, die einzelnen Bereiche zu beschreiben und dann Hypothesen über Wechselwirkungen aufzustellen.

3.1.1 Kognitive Dichteerfahrung

Bereits im ersten Kapitel wurde kurz über kognitive Raumerfahrung gesprochen (S. 21 f.). So wie der Raum als eine Funktion von simultanen Beziehungen betrachtet werden kann, sind einzelne Dichtemerkmale als Reize zu verstehen, auf die das Individuum reagiert. Aus verschiedenen Gründen müssen wir annehmen, daß es sich aber keineswegs um einfache S → O → R-Modelle handelt. Die kognitive Wahrnehmung der Umwelt durch das Individuum unterliegt höchst komplizierten Prozessen. Es ist u. a. auf die Theorie der kognitiven Dissonanz von *Festinger* hinzuweisen (*Festinger*, 1957). Der einzelne tendiert dazu, seine Umwelt nach Maßgabe der eigenen psychischen Konsistenz zu interpretieren: Er ist nicht in der Lage, objektive Verhältnisse und Zusammenhänge sinnlich wahrzunehmen, sondern er wird stets das für ihn Bedeutsame vorrangig registrieren. Die psychische Konsistenz betrachten wir in diesem Zusammenhang grundsätzlich als nicht beruhend auf angeborenen, sondern auf erlernten Fähigkeiten der Umweltaufnahme. Diese sind sehr stark sozial bedingt.

Dichtephänomene müssen nicht unbedingt zu Dichteerlebnissen führen: Eine bestimmte Dichte wird als solche überhaupt nicht wahrgenommen, wenn sie weder im positiven noch im negativen Sinne für das einzelne Individuum von Bedeutung ist. Dichte ist dann nicht als Reiz zu verstehen, sondern gehört als ein Aspekt unter vielen anderen zum allgemeinen Reizhintergrund. Dichte kann also nur in jenen Fällen als Stimulus wirken, in denen sie vom Individuum als problematisch erfahren wird. Es wäre beispielsweise denkbar, daß in einer Befragung über Wohnzufriedenheit bei Verwendung von offenen Fragen Dichtemerkmale nur dann genannt werden, wenn sie als besonders störend empfunden werden. Dies belegen im übrigen Untersuchungen über das sogenannte Crowding.

Nicht eine bestimmte Dichte also ruft im einen Fall eine Reaktion hervor, sondern das Reagieren ist abhängig von je spezifischen Verhaltensdispositionen. Diese entscheiden schließlich, ob eine bestimmte Dichte als Problem überhaupt wahrgenommen wird oder nicht. Nicht der einzelne Mensch als „Organismus" ist hier in Betracht zu ziehen, sondern die soziale Situation insgesamt, in der Raum und Dichte als Gesamtstimulus respektive als Reizhintergrund wirken.

Wir müssen schließlich nach den Bezugssystemen fragen, innerhalb derer ein Individuum den Gesamtstimulus zu deuten, zu bewerten und schließlich darauf zu reagieren vermag. Wir erhalten folgendes Schema:

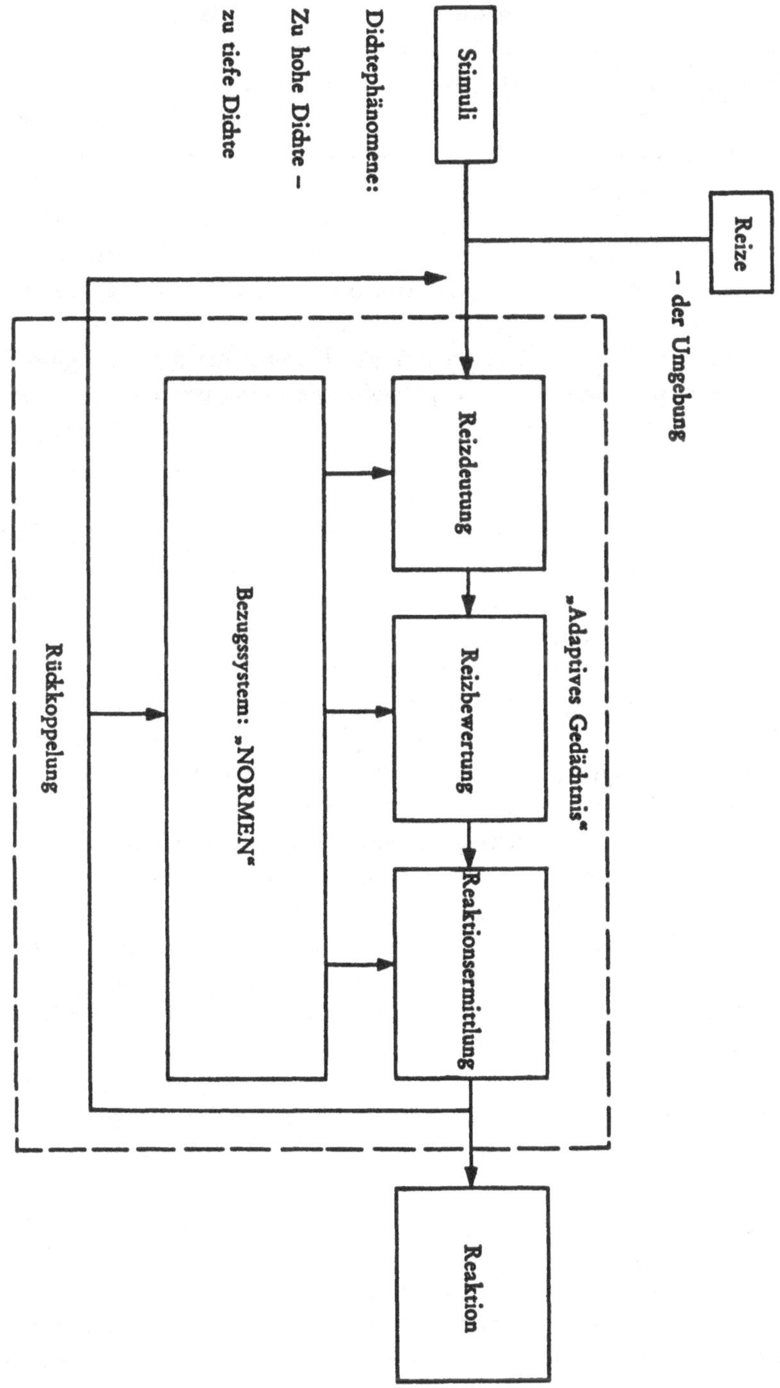
Dichtephänomene:
Zu hohe Dichte –
zu tiefe Dichte
Stimuli
Reize
– der Umgebung
Reizdeutung
Reizbewertung
Reaktionsermittlung
„Adaptives Gedächtnis"
Bezugssystem: „NORMEN"
Rückkoppelung
Reaktion

Unter adaptivem Gedächtnis verstehen wir das System der Reizverarbeitung. Es ist weiter zu fragen, was unter Reaktion respektive was unter Bezugssystem „Normen“ zu verstehen ist. Zunächst ist zu sagen, daß von objektiv feststellbaren Dichtemerkmalen u. U. von verschiedenen Individuen verschiedene Aspekte wahrgenommen werden. Sie werden überhaupt erst wahrgenommen, wenn sie – wie gesagt – für den einzelnen problematisch erscheinen. Wann aber werden sie als problematisch empfunden? Dies hängt nicht so sehr mit den objektiven Merkmalen als vielmehr mit dem Bezugssystem „Normen“ zusammen. Je nach der Lebenserfahrung wird eine bestimmte Dichte als zu hoch oder zu tief empfunden.

Mit dem Hinweis auf die Reizbewertung ist allerdings gesagt, daß selbst bei problematisch empfundener Dichte eine eindeutige Bewertung noch nicht notwendigerweise erfolgen muß: Wir wissen aus anderen Untersuchungen, daß selbst äußerst störende Stimuli, wie z. B. hoher Lärm, der bis zu gesundheitlichen Schäden führen kann, subjektiv vom einzelnen nicht als störend empfunden werden, wenn andere Aspekte der Umwelt als positiv betrachtet werden. Wir müssen hier von der Annahme ausgehen, daß die Bewertung ein äußerst komplexes Gratifikationssystem darstellt: Bei einer Befragung über Auswirkungen von Fluglärm wurde festgestellt, daß bei objektiv starker Belästigung dieser nicht als solche empfunden wurde, weil andere Aspekte der Wohnlage als wichtiger in der Bewertung erschienen. So u. a. der sichere Schulweg, die bessere Schule für die Kinder. Diesem Positivum opferte beispielsweise der befragte Familienvorstand täglich zweieinhalb Stunden für den Arbeitsweg, und es wurden regelmäßige Schlafstörungen in Kauf genommen.

Selbst wenn „Störungen“ vom Befragten selbst wahrgenommen wurden, erlangten diese nicht einmal den Status eines empfundenen Reizes. So mußte beispielsweise ein Interviewer dreimal fragen: „Werden Gespräche durch Flugzeuglärm unterbrochen?“ (Die Wiederholung der Frage war notwendig, weil in diesem Augenblick ein Flugzeug unter großer Lärmentwicklung zur Landung ansetzte.) Die Befragung wurde effektiv unterbrochen. Nach Verschwinden des Lärms war die Antwort der befragten Hausfrau: „Nein, niemals!“

Die Funktionsweise des „adaptiven Gedächtnisses“ ist bislang noch wenig untersucht worden. Die Vorgänge scheinen aber dermaßen komplex zu sein, daß wir keinesfalls sie unter dem Stichwort „Organismus“ in $S \rightarrow O \rightarrow R$-Modellen subsumieren können.

Schließlich müssen auch Reaktionsmöglichkeiten unterschieden werden: Wenn ein Individuum beispielsweise zu hohe oder zu tiefe Dichte als Grund bestimmter Handlungen angibt, muß noch nicht notwendigerweise geschlossen werden, daß diese auch Ursache seines Verhaltens ist. Es sei hier lediglich auf die Problematik der „Umleitung“ verwiesen, wie wir sie aus der Konflikttheorie kennen.

Gerade wenn einzelne Aspekte als Hauptursache der Unzufriedenheit mit der Umgebung genannt werden, ist in Betracht zu ziehen, daß verschiedene Faktoren zum Unbehagen und zu Unzufriedenheiten führten, von denen u. U. nur einzelne in Vertretung von anderen als Hauptursache genannt werden können. Je komplexer eine Situation, desto weniger ist der einzelne in der Lage, mögliche komplizierte Wechselwirkungen auch zu verbalisieren. So kann beispielsweise die Unzufriedenheit mit einer Wohnsituation vornehmlich durch die Soziallage, beispielsweise durch Konflikte in der Familie, verursacht werden. Sie wird jedoch oft auf äußerliche Aspekte, etwa die Wohnlage u. a. m., transponiert. Dabei ist schließlich auch dem Umstande Rechnung zu tragen, daß es wesentlich einfacher ist, externe Umweltaspekte als Ursache der Unzufriedenheit oder des Unbehagens anzugeben, als schwer formulierbare Symptome gestörter sozialer Beziehungen.

Es liegt ferner auf der Hand, daß kognitive Wahrnehmungen überwiegend unbewußt geschieht, so daß bewußte Empfindungen immer nur einen Teil des gesamten Prozesses darstellen. In diesem Sinne schließlich ist das Schema zu relativieren: Weder Reizdeutung noch Reizbewertung, noch Reaktionsermittlung einerseits, noch das Bezugssystem Normen ist in einfacher Weise empirisch überprüfbar. Es trägt deshalb vornehmlich analytischen Charakter. Aus diesen Gründen sollen im folgenden Wechselwirkungen zwischen äußerst groben Kategorien von Dichteerscheinungen versucht werden.

3.1.2 Infrastrukturelle Aspekte

Im vorigen Kapitel wurde ausgiebig über Nutzungsvorschriften und Nutzungsvorstellungen der Planer berichtet. Bei jedem bebauten Raum sind objektive Merkmale der Dichte feststellbar. Sie werden im folgenden mit der Bezeichnung DN umschrieben.

Darunter verstehen wir den sichtbaren, abgegrenzten und bebauten Raum, Art der Baulichkeiten, Anordnung der Räume, vorstrukturierte Verkehrswege, Installationen; Freihalteräume wie Grünanlagen sind darin eingeschlossen. Unter infrastrukturellen Aspekten kann verstanden werden, was im allgemeinen als „Architektur" bezeichnet wird.

Derartige infrastrukturelle Gegebenheiten bestimmen die *objektive Dichte* in dem Sinne, daß eine bestimmte Anzahl von Menschen in einem begrenzten Raum wohnen könnten. Durch die Infrastruktur ist eine spezifische Globalnutzung eines bestimmten Raumes vorgezeichnet. DN bedeutet potentielle Dichte aufgrund infrastruktureller Aggregate. Potentiell deshalb, weil z. B. ein Hochhaus nicht unbedingt bewohnt sein muß, oder weil innerhalb eines Hochhauses verschiedene Nutzungen vorhanden sein können. Es ist hier gleich anzumerken, daß DN keinerlei Hinweise für *effektive Dichte* gibt, d. h. die Anzahl der Menschen, die sich zu bestimmter Zeit in den angegebenen Räumen aufhalten. Ein Bürohochhaus mit hohem DN weist unter Umständen die effektive Dichte nur während 6 oder 8 Stunden auf und ist im übrigen praktisch leer. Sowohl „Nutzung" wie Dichte sind zyklisch. Statistische Durchschnittswerte würden keinen Aufschluß geben über das Verhalten der Menschen.

3.1.3 Öffentliches Verhalten

Wir gehen davon aus, daß ein weiterer Faktor, der das Dichteerlebnis beeinflußt, im sogenannten öffentlichen Bereich liegt. Was ist darunter zu verstehen?
Die infrastrukturellen Aggregate eines Gebietes stehen in vielfältigen Wechselbeziehungen zur Umwelt. Gebiete mit hoher Nutzung (DN) weisen eine höhere Interaktion mit umliegenden Gebieten auf. Dieser hohe Interaktionsgrad ist bei der Bestimmung des Dichteerlebnisses des einzelnen von großer Bedeutung. Zu unterscheiden sind natürlich Nutzungsgebiete in der Innenstadt und Wohnquartiere. Es sind hier vor allem die Pendlerbewegungen zu untersuchen. Von der City aus bestehen Beziehungen zur gesamten Agglomeration. Bei den Wohngebieten dagegen kommt es auf den spezifischen Nutzungsgrad an. Neuüberbauungen mit hohem DN weisen höhere Interaktionen mit der City auf als beispielsweise ältere Wohngebiete mit relativ geringerem DN. Auch sind zu untersuchen die direkten Wechselbeziehungen zwischen Gebieten mit unterschiedlichem DN. Nicht nur der Grad des DN spielt hier eine Rolle, sondern die Zeitdauer des Bestehens von Wohngebieten. Je geringer die Dauer, desto mehr externe Beziehungen der Bewohner sind festzustellen. Zu verweisen wäre hier auf die Nachbarschaftsuntersuchungen. Eine aktuelle Zusammenfassung der Ergebnisse gibt *Hamm* (1973). Auf diese externen Beziehungen kommt es uns hier vor allem an.

Wir gehen davon aus, daß in Gebieten mit hoher Wohndichte auch ein hoher Grad von familialer Arbeitsteilung vorherrscht. Dies bedeutet, daß ein großer Teil der Bewohner täglich zu bestimmten Zeiten geographisch mobil wird. Er pendelt zwischen Wohnort und entferntem Arbeitsplatz. Je nach der Art der Transportmittel erfährt er im öffentlichen Bereich „hohe Dichte". Zu bestimmten Zeiten ist er auf sehr begrenztem Raum (öffentliches Transportmittel) für eine bestimmte Dauer mit vielen Menschen zusammen.

Es ist selbstverständlich auch an jene zu denken, die mit privatem Verkehrsmittel die tägliche geographische Distanz vom Wohnort zum Arbeitsplatz überwinden. Die Verkehrsdichte, die sie erleben, ist wohl anderer Art, dürfte aber ähnliche Auswirkungen auf das Dichteerlebnis haben. Allgemeine Verhältnisse, wie Stockungen, Wartezeiten u. a. m., die auf dem Wege zum und vom Arbeitsplatz herrschen, sind weitere Faktoren, die öffentliches Verhalten beeinflussen. Dieses kann dadurch charakterisiert werden, daß räumliche Nähe zu innerer Distanz führt. In öffentlichen Bereichen, so haben viele Untersuchungen erwiesen, sind andere Normen verhaltensbestimmend als etwa im Intimbereich. So etwa die Norm der Nichteinmischung, unverbindliche Formen der Interaktion, ein tiefer Grad beispielsweise an Solidarität. Diese innere Distanz zum Geschehen um sich herum ist durchaus verständlich. Sie entspricht einem grundlegenden Bedürfnis der Abschirmung. Bei dem Prozeß der Überwindung geographischer Distanzen wird also ein Verhalten bestimmend, das man als soziale Distanzierung bezeichnen kann. Das „öffentliche" Verhalten war übrigens ein Kernpunkt der Großstadtkritik. Selbst in jüngster Zeit versuchte man, urbanes Leben im Spannungsfeld zwischen der Privatsphäre und der öffentlichen Sphäre zu kennzeichnen (*Bahrdt,* 1961).

Es geht uns nicht darum, das öffentliche Verhalten hier zu rezipieren. Eingedenk der Tatsache, daß wir nur äußerst grobe Merkmale, die das Dichteerlebnis beeinflussen können, erwähnen wollen, soll der Hinweis auf diesen Bereich genügen.

Es wäre im einzelnen zu untersuchen, welcher Anteil der Menschen in einem abgegrenzten Wohnraum diesen verläßt, mit welchem Ziel und in welcher Häufigkeit. Sehr rasch können wir Unterschiede feststellen zwischen den Werktätigen und etwa den Hausfrauen und Kindern. Insbesondere solche, die noch nicht zur Schule gehen und die damit das „öffentliche Verhalten" noch nicht oder kaum erlernt haben.

Die oben beschriebene Art geographischer Mobilität kann für unsere Zwecke mit dem Ausdruck „Verkehrsverhalten" bezeichnet werden. Hervorstechendes Merkmal ist dabei dessen *Zwangscharakter.* Das Verhalten ist zu bestimmten Zeiten auf bestimmten Strecken in vorbestimmten Räumen stark *normativ* geprägt. Hohe Dichte, wenn auch nur für kurze Zeit, bedingt, wie gesagt, emotional distanziertes Sozialverhalten.

Während bei Dn objektive Merkmale der Beziehung zwischen Raum und dessen Nutzung wesentlich waren, charakterisieren wir das öffentliche Verhalten durch Merkmale geographischer Mobilität und den damit verbundenen Interaktionen. Im folgenden wird für diesen Bereich die Bezeichnung Dv verwendet.

3.1.4 Intimverhalten

Unter Intimverhalten verstehen wir soziales Verhalten im Bereich der Familie, der Bekannten und Freunde. Im Gegensatz zum öffentlichen Verhalten ist es vornehmlich *emotiv* bedingt. Es fehlen weitgehend die Zwänge der formalen Arbeitsteilung. Intimbeziehungen beruhen vor allem auf emotionaler Basis. Wir denken hier an Interaktionen, die sich im Bereich des Privaten abspielen. Der angesprochene Bereich deckt sich nicht mit Nachbarschaft. Auch in modernen Siedlungen sind die Sphären der Öffentlichkeit und des Privaten stark polarisiert. Das zeremonielle Verhalten, das wir im Bereich der Öffentlichkeit als vorherrschend annehmen müssen, ist zwar lokal bedingt, weist aber eine geringe Selektivität auf und beinhaltet gleichzeitig eine relativ geringe soziale Kontrolle.

Das Solidaritätsverhalten, hier verstanden als die gegenseitig verpflichtende Nachbarschaftshilfe, tritt im allgemeinen in Städten, sogar in neuen Wohngebieten, in denen ein Großteil der Bewohner erst seit relativ kurzer Zeit anwesend ist, häufiger auf, als allgemein angenommen wird. Allerdings ist es in unterschiedlicher Form anzutreffen, wobei die soziale Schichtung eine wesentliche Rolle spielt. Angehörige höherer Schichten weisen relativ geringes, solche unterer Schichten dagegen ein relativ häufiges nachbarliches Solidaritätsverhalten auf. Uneinheitlich ist das Bild für die zahlenmäßig immer wesentlicher werdenden Mittelschichten. Es sei auch an dieser Stelle nicht verschwiegen, daß traditionelle Schichtungsmodelle ein zu grobes Unterscheidungsmerkmal darstellen. Das Bekanntschaftsverhalten ist gegenüber dem zeremoniellen Verhalten kaum mehr lokal bedingt, dagegen stark selektiv.

Auch der Bereich des Privaten, in dem eine relativ hohe soziale Kontrolle herrscht, ist nicht frei von Zwängen. Beziehungen, die ursprünglich emotiv zustande kamen, also durch Wahl und nicht durch Zwang, können schließlich zu institutionalisiertem Verhalten führen, das ebenfalls wiederum Aspekte zeremoniellen Verhaltens aufweist. Trotzdem gehen wir davon aus, daß die Normenstruktur im Privaten grundsätzlich differiert von der im öffentlichen Bereich.

Selbstverständlich wirken auch im Bercich des Privaten soziale Normen, wobei wir den Begriff emotiv als Korrelat zu normativ in dem Sinne verwenden, als die Beziehungen grundsätzlich auf engen Sozialbeziehungen beruhen. Es wurde verschiedentlich darauf hingewiesen, daß der Bereich des Privaten in der hocharbeitsteiligen Industriegesellschaft für den einzelnen immer wesentlicher wird. Dazu gehört im übrigen das gesamte Freizeitverhalten. Im folgenden wird für diesen Bereich die Bezeichnung DI verwendet.

3.2 Empirisch feststellbare Dichtemerkmale

In jedem der drei Bereiche können beobachtbare Merkmale der Dichte empirisch erhoben werden. DN wird globale Richtwerte für Einwohner pro Flächeneinheit abgeben.

Dv- und DI-Werte können erhoben werden, indem durch sogenannte „Time-Budgeting Studies" Zeit, Dauer und Anzahl der interagierenden Menschen festgestellt werden. Methodologisch ist dabei sowohl die teilnehmende Beobachtung und ergänzend die Befragung zweckdienlich. Wir erhalten durch Beobachtung zunächst das effektive Sozialverhalten in einem bestimmten Raum bei einer bestimmbaren Anzahl von Menschen.

Eine Abgrenzung zwischen Dv und DI bietet gewisse Schwierigkeiten. Es geht im folgenden jedoch darum, Beziehungen zwischen diesen groben Einheiten festzustellen, wobei unter Umständen feinere Einheiten zu einem späteren Zeitpunkt verwendet werden müssen. Wenn wir trotzdem glauben, daß wir zwischen Dv und DI unterscheiden können, dann, weil wir uns auf bestimmte empirische Forschungen berufen können, die ein Zunehmen der sogenannten sekundären Kontakte in großstädtischen Agglomerationen zuungunsten der Primärkontakte aufweisen.

Ein weiteres Unterscheidungsmerkmal zwischen Dv und DI besteht unseres Erachtens darin, daß in der urbanen Lebensweise ein hoher Grad an sozialer Kontrolle unerwünscht ist. Es wurde viel von steigender Anonymität in Städten und Großstädten gesprochen. Es ist dabei zu beachten, daß Anonymität weder mit Vereinsamung noch mit Vermassung zu verwechseln ist.

Wenn wir das Sozialverhalten von Menschen in einem abgegrenzten Wohngebiet betrachten, bezogen auf die relative Dichte, d. h. die Anzahl Menschen in diesem Gebiet, stellen wir nunmehr fest, daß dieses Verhalten nicht ausschließlich raumbezogen zu betrachten ist. Einerseits bestehen ganz bestimmte räumliche Bedingungen, die wir als infrastrukturelle Aspekte bezeichnet haben. Andererseits wirkt eine Reihe von Faktoren aus dem Bereich des öffentlichen Verhaltens mit. Schließlich werden soziale Beziehungen auch durch das Intimverhalten weitgehend beeinflußt.

Diese drei Bereiche überschneiden sich. Die Konstituanten des Dichteerlebnisses einzelner Menschen ergeben sich weitgehend aus dem Überschneiden dieser drei Bereiche. Wie stark Faktoren aus den einzelnen Bereichen wirken, bleibt vorerst ungeklärt. Für die Beantwortung dieser Fragen wären unbedingt empirische Überprüfungen der aufgestellten Hypothesen notwendig.

3.3 Dichteerlebnis und soziales Verhalten

Das Dichteerlebnis sehen wir zunächst als Folge täglicher Erfahrungen in den drei beschriebenen Bereichen.

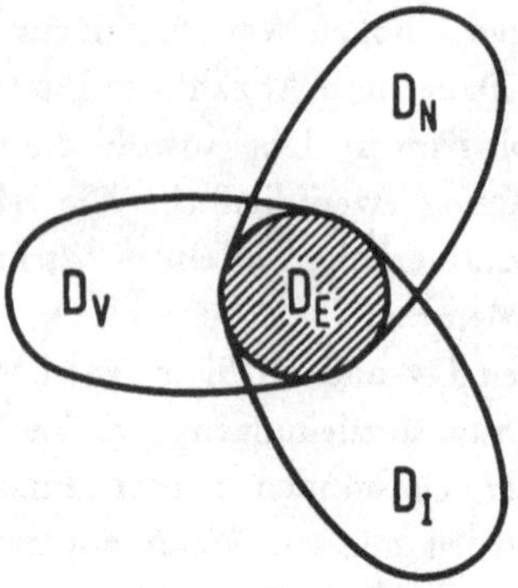

Wenn in einem Gebiet hohe Nutzungsdichte vorhanden ist, ist anzunehmen, daß ein hoher Anteil der Menschen aufgrund der Arbeitsteilung Tagespendler von Wohnung zum Arbeitsplatz sind. Gleichzeitig kann angenommen werden, daß einem hohen DN ein hohes DI entspricht. Dies bedeutet, daß bei hoher Nutzungsdichte der Wunsch nach Primärkontakten steigt. Diese aber werden aufgrund ihres emotiven Charakters nur wenig raumgebunden sein. Sie verteilen sich, wie empirische Untersuchungen zeigen, je nach Soziallage des einzelnen auf weite Bereiche einer Gemeinde oder Stadt, ja darüber hinaus.

Das Dichteerlebnis unterliegt, wie beschrieben, grundsätzlich kognitiven Prozessen der Umweltaufnahme. Wenn wir nun durch *Befragung* das Dichteerlebnis (DE) erfassen wollten, würden wir erkennen, daß wir bei konstanten DN-, DV- und DI-Werten unterschiedliche Antworten erhalten. Dies bedeutet, daß wir von DN, DV und DI nicht direkt auf DE schließen dürfen. Durch Veränderung von DN ist keine direkte Veränderung von DE zu erwarten. Durch raumplanerische Maßnahmen wird das Dichteerlebnis nicht eindimensional beeinflußt.

Bei einer Befragung des DE wären folgende Aspekte zu berücksichtigen:

1. Veränderung

Empfindet ein Einwohner Veränderungen in DN, DV und DI?

2. Intensität

In welchem Ausmaß empfindet er allfällige Veränderungen als angenehm oder als unangenehm?

3. Konsistenz

Empfindet er gleichartig gegenüber mehreren Arten von Veränderungen oder nur gegen spezifische, etwa Veränderungen von DN, Dv oder DI?

4. Äußerungsbereitschaft

Wie willig, ja wie fähig ist er, über seine Einstellung in bezug auf das Dichteerlebnis Aussagen zu machen?

Erfahrungen aus empirischen Untersuchungen über die Einstellung zu „Lärm" ergeben, daß direkte Befragungen nicht möglich sind. Auch Dichteerlebnisse können nur dann erfaßt werden, wenn andere Erlebnissphären mit einbezogen werden. Vorauszusehen ist schließlich, daß bei gleicher Anzahl beobachteter Interaktionen von einzelnen Individuen völlig unterschiedliche Dichteerlebnisse angezeigt werden. Anders ausgedrückt: Der eine wird einen bestimmten DN- oder Dv-Wert unangenehm, ein anderer ihn als höchst angenehm und begrüßenswert empfinden.

Bislang haben wir Sozialverhalten vornehmlich bezogen auf einen bestimmten abgegrenzten Raum, das eigentliche Wohngebiet, betrachtet. Wir haben zwar unterschieden zwischen den räumlichen Aggregaten, der Sozialerfahrung im beruflichen Alltag, dem öffentlichen Verhalten also, und schließlich dem Verhalten in der Intimsphäre. Des weiteren haben wir davon gesprochen, daß das Dichteerlebnis als kognitiver Prozeß zu verstehen ist. Damit ist aber noch nichts ausgesagt über die Natur kognitiver Prozesse sowie die sie beeinflussenden Faktoren. Zwar wurde zu Beginn die Bedeutung der sozialen Lage des einzelnen erwähnt. Was ist unter sozialer Lage zu verstehen? Jeder Mensch verfügt über eine individuelle Sozialgeschichte. Er nimmt eine ganz bestimmte Position in der gesellschaftlichen Struktur ein. Sozialverhalten ist grundsätzlich erlerntes Verhalten. So gesehen wird er geprägt von der sozialen Schicht, der er angehört, vom sozialen Status, der ihm zugeordnet wird, den er besitzt. Er ist Mitglied verschiedener Gruppen, unterliegt deren Normen. Diese Normen prägen wesentlich seine kognitiven Fähigkeiten.

Im Kapitel 4 werden die zahlreichen Faktoren, die die Soziallage des einzelnen bestimmen, ausführlich dargelegt. In bezug auf das Dichteerlebnis müssen wir daher die Soziallage als weiteren beeinflussenden Faktor bezeichnen, die wir in eine ganze Reihe von intervenierenden Variablen zerlegen. So ergeben sich schließlich folgende Zusammenhänge:

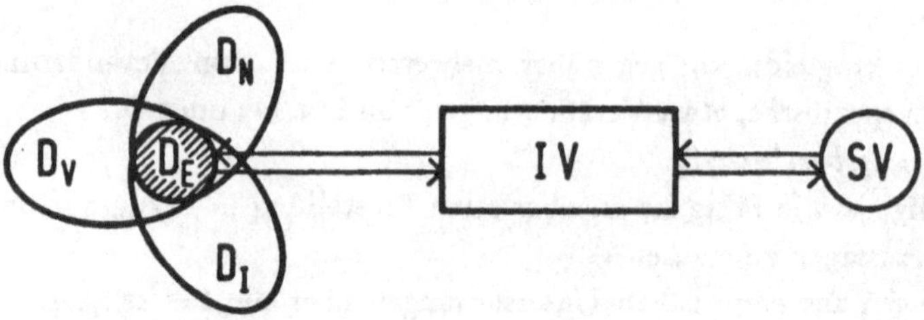

Eine direkte Korrelation zwischen Dichtemerkmalen und Sozialverhalten kann demgemäß nicht angenommen werden. Zu den intervenierenden Variablen, die das Sozialverhalten bestimmen, gehören u. a. demographische Merkmale wie Alter und Geschlecht, sowie sozioökonomische, also Einkommen, Bildungsstand u. a. m.

Es dürfte aus dem Gesagten klarwerden, daß es sich um außerordentlich komplexe wechselwirkende Beziehungen handelt, über die wir relativ wenig wissen. Es ist deshalb noch weitgehend offen, welche der intervenierenden Variablen, die im Kapitel 4 näher erläutert werden, relevant sind für die Planung.

3.4 Raumrelevanz von Dichtemerkmalen

In den drei Bereichen DN, DV und DI können objektive Dichtemerkmale erhoben werden. Die menschlichen Kontakte, die empirisch festgestellt werden, sehen wir bei DN als Interaktionsmöglichkeiten, bei DV als sekundäre Kontakte, bei DI schließlich als primäre Interaktion. Selbst wenn wir ganz grobe Unterscheidungskriterien annehmen, erhalten wir folgende Raumbezogenheit zwischen den einzelnen Typen von Dichtemerkmalen:

Grad der Raumbezogenheit

	hoch	mittel	niedrig
DN	×		
DV		×	
DI			×

Bei DN finden wir eine relativ hohe Raumrelevanz. Durch Raumgestaltung können infrastrukturelle Voraussetzungen stark variiert werden. Zumindest werden soziale Interaktionen potentiell, nicht unbedingt aber effektiv häufig.
Bei Dv stellen wir nur eine mittlere Raumrelevanz fest. Nicht das DN eines bestimmten Gebietes ist wesentlich, sondern die Lage des Gebietes und dessen Wechselbeziehungen zur Umgebung bzw. zu städtischen Zentren und anderen Agglomerationen.
Als wenig raumrelevant sind schließlich die DI-Merkmale zu betrachten. Sie sind vornehmlich durch die bereits angedeuteten Faktoren der intervenierenden Variablen gekennzeichnet.
Daraus folgt: Durch die Veränderung von DN allein kann eine Veränderung von DI nicht bewirkt werden. Wir müssen annehmen, daß mit DN ökonomische Auswahlprinzipien verbunden sind (z. B. hohe oder tiefe Mieten). Diese Feststellung ist insofern wichtig, als mit DN allein eine sogenannte „Mischung" direkt nicht erreicht werden kann. Es sei der Hinweis gestattet, daß eine Durchmischung (siehe folgendes Kapitel) nur durch Entwicklungsplanung erreicht werden kann, also nicht lediglich durch bauliche und infrastrukturelle Maßnahmen.
Folgende Hypothese sollte in diesem Zusammenhang überprüft werden: Der Grad von DN korreliert mit Dv. Je mehr Menschen in einem Gebiet wohnen, desto mehr sekundäre Interaktionen werden festgestellt. Gleichzeitig ergeben sich aber primäre Interaktionen unabhängig vom abgegrenzten bebauten Raum. Da primäre Interaktionen vornehmlich emotiver Natur sind, ist anzunehmen, daß bei hohem Dv die sekundären Interaktionen ebenfalls hoch sind, die primären Interaktionen in dem durch DN abgegrenzten Raum dagegen relativ niedrig.
Nehmen wir dagegen ein niedriges DN an, so sind die Sekundärkontakte ebenfalls niedrig, dagegen primäre Interaktionen relativ hoch.
Zu dieser Hypothese gelangen wir, weil wir annehmen, daß primäre Interaktionen vom Grad der sozialen Kontrolle abhängen. Da soziale Kontrolle in städtischen Bereichen bei bestimmten Soziallagen (höhere Mittelschichten und Oberschichten) weitgehend unerwünscht ist, erklärt sich die zunehmende Bedeutung der sekundären Interaktionen, damit auch wachsende Unabhängigkeit von raumbezogenem Sozialverhalten.

3.5 Soziallage und die individuelle Gratifikationsrechnung

Die Soziallage eines Individuums wird durch mannigfaltige Faktoren bestimmt. Es ist anzunehmen, daß einige Faktoren besonders wichtig sind für das Dichteerlebnis einerseits und die Beeinflussung des Sozialverhaltens andererseits. Wichtiger als die groben Hinweise auf berufliche Tätigkeit, Bildungsstand, Einkommen, Alter, Geschlecht, Familienstand, Familiengröße wären Angaben über soziale und geographische Mobilität, die die Einwohner eines bestimmten Gebietes aufweisen. Eindeutig isolierte Indizes wurden bislang nicht aufgestellt. *Laumann* (1966) schlägt vor, daß bei Fehlen von Sozialdaten zunächst die üblichen demographischen Angaben Verwendung finden sollen, wobei angenommen werden kann, daß bestimmte Beziehungen zwischen Bildungsstand und Mobilität bestehen.

Familiensoziologische Untersuchungen legen nahe, daß bei Familien, deren Familienvorstand eine hohe Mobilität aufweist, die übrigen Mitglieder sich dessen Erfahrungen ohne große Schwierigkeiten zunutze machen können. Im allgemeinen steigt die Fähigkeit sozialer Orientierung mit der Erfahrung sozialer und geographischer Mobilität. Es wäre deshalb anzuregen, in jedem einzelnen Falle Mobilitätsprofile der Bewohner eines Wohngebietes aufzustellen. Einer bestimmten Mobilität entspricht im übrigen immer auch die Erfahrung einer bestimmten Rollenvielfalt. Rollenvielfalt ist ein Index für die Fähigkeit der Sozialorientierung. Rolleneinfalt dagegen deutet auf Anpassungsschwierigkeiten hin, die ein Individuum erfährt, wenn es in eine neue Umgebung versetzt wird. Rolleneinfalt korreliert meistens mit niedrigem Bildungsstand und niedriger sozialer Mobilität.

Ob nun bestimmte Dichten im D_N-, D_V- oder D_I-Bereich als angenehm oder unangenehm empfunden werden, hängt schließlich von einem sehr komplizierten Prozeß der Beurteilung ab. Wir können diesen Prozeß als *„Gratifikationsrechnung"* bezeichnen. Er ist maßgeblich von Werthaltungen abhängig, die ihrerseits wieder als Sozialerfahrung betrachtet werden können. Dichte ist dabei nur ein Merkmal einer gesamten Umweltsituation.

Eine Umweltsituation, die objektiv betrachtet ungünstig ist, wie sehr hohe Dichte (D_N), unangenehme Wohnlage u. a. m., wird dann nicht als störend oder unangenehm empfunden, wenn z. B. ihr Einfluß auf das Intimgruppenverhalten (D_I) unerheblich ist. Ein Jungverheirateter mag unter Umständen ein übles Getto als Paradies empfinden, wenn auch nur vorübergehend.

Eine Erforschung von Bewertungen der räumlichen Umwelt fehlt bis heute weitgehend. Zu verweisen ist in diesem Zusammenhang insbesondere auf

Waterhouse (1972). In einer empirischen Untersuchung wurde die Reaktion der Bewohner auf die äußere Veränderung der Städte erhoben. Die von *Krüger* verfaßten einleitenden Kapitel geben eine gute Übersicht über die möglichen methodologischen Ansätze.

Einen wesentlichen Beitrag in der weiteren Erforschung dieser Prozesse könnte schließlich auch die Familiensoziologie geben. Hinzuweisen ist vor allem auf *Wurzbacher* und *Kipp* (1968). Aus diesen Untersuchungen geht hervor, daß die einzelnen Rollen in der Familie immer stärker durch Rollen im öffentlichen Bereich geprägt werden. Besonders deutlich wird dies, wenn wir die Familie im Wandel betrachten. In traditionalen Gesellschaften sowie in ländlichen Gebieten kann die zugleich primär gruppenhafte und öffentliche Integration der Familie wie folgt charakterisiert werden:

„1. Hohe verkehrsmäßige, wirtschaftliche und gesellschaftliche Abgeschlossenheit, Selbstgenügsamkeit, Selbstbezogenheit und Eigenproduktion der nachbarschaftlich-gemeindlichen Lebensgruppen; daraus resultierend

2. hohe gegenseitige Abhängigkeit bei der Absicherung gegen besondere Belastungen und Risiken,

3. ein hohes Ausmaß von Handarbeit, das gleichfalls bei größeren Anforderungen fortwährend gegenseitige Hilfe verlangte,

4. ein enger Rahmen überwiegend naturalwirtschaftlichen Leih- und Tauschverkehrs,

5. Überschaubarkeit kleiner Gemeinden, die eine leichte Regelung der gegenseitigen Verpflichtungen ermöglicht" (*Wurzbacher/Kipp*, 1968).

Wenn eine oder mehrere dieser Bedingungen verändert werden, verändert sich auch die nachbarschaftliche Integration. (Diese Charakterisierung bezieht sich auf Untersuchungen in Siegerländer Dörfern in den 50er Jahren.) Die von *Wurzbacher* (1968) angegebene Typologie sozialer Bindungen auf lokaler Grundlage entspricht durchwegs einem äußerst tiefen DN. Im übrigen sind Gebiete mit tiefem DN von der Umgebung oft weitgehend isoliert.

Mit steigendem Grad der Interdependenz von DN-Räumen verliert sich weitgehend das lokalgebundene Nachbarschaftsverhalten.

Bekanntlich steht einer Desintegration und einem Funktionsverlust der traditionalen Familie eine Veränderung ihrer Funktionen gegenüber. Die Familie selbst wird mobiler, die Freiheitsgrade der einzelnen Mitglieder steigen, damit wird sie anpassungsfähiger, auch unabhängiger vom Raum. Probleme ergeben sich weniger aus Gründen etwa hoher Dichte (DN) als vielmehr durch unbefriedigende Anlage der einzelnen Wohnungen, mangelnder Isolation u. a. m.

3.6 Dichte und Crowding

Nach den bisherigen Darstellungen dürfte klar sein, daß es schwierig ist, Grenzwerte dafür anzugeben, bei welcher Dichte (DN) notwendigerweise unerwünschte und als unangenehm empfundene Wirkungen entstehen.
Wann wird ein bestimmter Grad der Dichte als Crowding empfunden? (Ein deutscher Ausdruck für Crowding liegt nicht auf der Hand. Vermassung gibt nicht den Tatbestand der „Übervölkerung" oder der „zu großen Masse" wieder.)
In den letzten Jahren entstand eine lebhafte Diskussion über die Qualität der physischen und sozialen Umwelt. Diese Fragen haben zu zahlreichen Forschungsvorhaben ökologischer Probleme geführt. Es ist nicht auszuschließen, daß eine weitere Erforschung der Beziehungen zwischen Organismen und deren Umwelt schließlich Richtlinien für Sozialplanung ergeben wird. Allerdings dürfte nicht ohne weiteres von Crowding-Experimenten, wie sie vor allem mit Tieren durchgeführt wurden, auf menschliches Verhalten geschlossen werden.
Wir haben bereits zwischen objektiven Merkmalen von Dichte und deren kognitiven Erfassung gesprochen: Crowding ist als psycho-soziale Erfahrung bestimmter Dichteverhältnisse anzusehen. Im Augenblick scheinen sich lediglich heuristische Modelle anzubieten. Einen Überblick über Crowding-Forschung gibt *Stokols* (1972).
Die wichtigsten Hypothesen lauten: Das Gefühl des Crowding als „Überbevölkerung" entsteht dann, wenn ein Individuum eine Situation als für seine Bedürfnisse inadäquat empfindet, wenn es das Gefühl hat, daß sein Raumbedürfnis durch den zur Verfügung stehenden Raum nicht mehr befriedigt werden kann.
Dabei sind wiederum nicht objektiv feststellbare Mengen und Raumverhältnisse wichtig, sondern vielmehr deren kognitive Erfassung. Ein Individuum wird dann eine Situation als Streß empfinden, wenn es bei einer bestimmten Anzahl Menschen in begrenztem Raum (Zimmer, Wohnblock) sich inmitten von Fremden befindet. Bei gleicher Anzahl und gleichem Raum fühlt es sich durchaus wohl, wenn die Beteiligten Freunde oder Bekannte sind.
„Überbevölkerung" wird dann als Streß empfunden, wenn verschiedene Faktoren zusammenspielen: Unvertrautheit mit der Umgebung, Unvertrautheit mit den Menschen, Unvertrautheit mit Mobilitätserfahrung.
Untersuchungen haben ergeben, daß bei hoher Wohndichte in Gettos, also bei unterprivilegierter Soziallage, die meisten Individuen „Überbevölkerung" nicht als Streß empfinden, weil ihnen die Attribute der objektiven Umgebung vertraut sind.
In Anlehnung an *Stokols* (1972) können wir folgendes Modell menschlicher Reaktion auf Crowding zur Diskussion stellen.

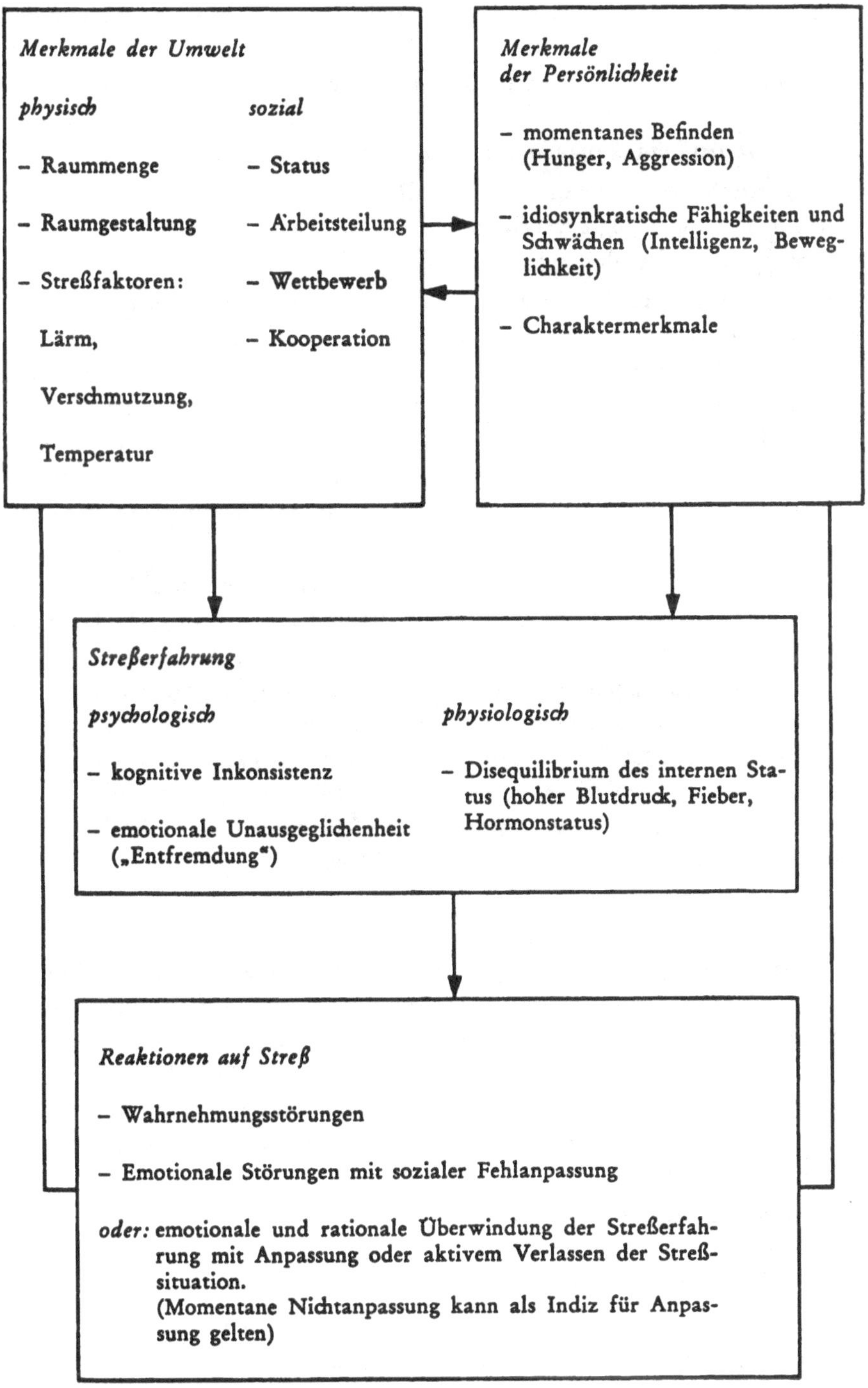
Merkmale der Umwelt
physisch
– Raummenge
– Raumgestaltung
– Streßfaktoren:
Lärm,
Verschmutzung,
Temperatur
sozial
– Status
– Arbeitsteilung
– Wettbewerb
– Kooperation
Merkmale der Persönlichkeit
– momentanes Befinden (Hunger, Aggression)
– idiosynkratische Fähigkeiten und Schwächen (Intelligenz, Beweglichkeit)
– Charaktermerkmale
Streßerfahrung
psychologisch
– kognitive Inkonsistenz
– emotionale Unausgeglichenheit („Entfremdung“)
physiologisch
– Disequilibrium des internen Status (hoher Blutdruck, Fieber, Hormonstatus)
Reaktionen auf Streß
– Wahrnehmungsstörungen
– Emotionale Störungen mit sozialer Fehlanpassung
oder: emotionale und rationale Überwindung der Streßerfahrung mit Anpassung oder aktivem Verlassen der Streßsituation.
(Momentane Nichtanpassung kann als Indiz für Anpassung gelten)

Nicht alleine Persönlichkeitsmerkmale bestimmen, wie ein Individuum auf Streß reagiert. Bei extrem hoher Dichte (DN), in welcher der Bedarf an Privatsphäre nicht mehr erfüllt werden kann, bleibt schließlich nur noch der Ausweg des Ausbruches aus dieser Situation oder die Fehlanpassung. Der Grad des äußeren sozialen und ökonomischen Zwanges spielt eine erhebliche Rolle.

Streß entsteht des weiteren als Wahrnehmung zu starker Begrenztheit von Raum, wobei diese Begrenztheit nicht in objektiven Raumverhältnissen, sondern vielmehr in Verbindung mit sozialen Zwängen gesehen werden muß.

Wenn wir davon ausgehen, daß als Fehlanpassung jene Reaktionen zu betrachten sind, die nicht zu einer Anwendung der Erfahrung des Crowding-Stresses führen, erhebt sich die Frage, welche Individuen in bestimmten Situationen dazu nicht in der Lage sind. Darüber besteht unseres Erachtens kaum Klarheit. Wir glauben, daß besondere Minoritätenprobleme entstehen, von denen in der Öffentlichkeit wenig gesprochen wird: Untersuchungen über Verhalten von Kindern in Dichte-Streß-Situationen sind nach unserer Meinung kaum durchgeführt worden.

Wenn Dichte-Probleme behandelt werden, ist deshalb nicht nur auf jene Gruppen zu achten, die ihre Bedürfnisse auch zu formulieren vermögen. Es korreliert die Fähigkeit, Bedürfnisse zu formulieren, sehr oft mit der Macht, sie auch durchzusetzen. Partizipatives Verhalten im politischen und ökonomischen Bereich ist durchwegs verbunden mit höherem Bildungsstand, höherem Einkommen und höherer Mobilitätserfahrung. Es ist deshalb anzunehmen, daß gerade jene Gruppen der Bevölkerung unter Dichte-Streß leiden, die ihm nicht zu entfliehen vermögen, die sich ihm in der Folge fehlanpassen und die damit entweder in Krankheit oder Kriminalität ausweichen.

Schließlich ist noch darauf hinzuweisen, daß die Reaktion auf Dichte-Streß sehr stark von der Kohärenz der Gruppen abhängt, in denen der einzelne lebt. Bei hoher Integration einer Gruppe wird auch objektiv hohe Dichte leichter ertragen und Fehlanpassungen sind seltener als bei nicht integrierten Individuen. Individuelle Erwartungen sind selten so „individuell", wie es der einzelne glaubt: Erwartungen sind meist Gruppenerwartungen. Eine soziale Situation wird nach *Thibaut* und *Kelley* (1959) nicht nach ihren objektiven Merkmalen bewertet, sondern nach dem, wovon die Individuen glauben, daß es ihnen zusteht oder ihnen gemäß ist.

Kognitive Inkonsistenz im Bereiche des Crowding kann charakterisiert werden als die wahrgenommene Disparität zwischen dem objektiven Raum, der einem Individuum zur Verfügung steht, und seinem Bedarfsraum.

Wenn ein Individuum realisiert, daß es ihm unmöglich ist, jenen Raum zur Verfügung zu haben, den es zu brauchen vermeint, fühlt es sich in seiner persönlichen verhaltensmäßigen Aktivität stark behindert. Nach *Brehm* (1966) kann daraus ein Verhalten resultieren, welches sich die Wiederherstellung der bedrohten oder tatsächlichen eliminierten Handlungsfreiheit zum Ziel setzt.

3.7 Planungsrelevanz

Dieser psycho-soziale Exkurs kann, in Anlehnung an *Stokols*, zu folgenden Hypothesen führen:

1. Es sind Grenzwerte für Raumbedingungen festzustellen, die gefährliche psychische Folgen für die Menschen haben. Im allgemeinen sind solche Grenzwerte jedoch bei den bestehenden Nutzungsvorschriften, etwa in der Bundesrepublik Deutschland und der Schweiz, kaum vorhanden.

2. Wo indessen räumliche Begrenztheit vorhanden ist, ist zu vermerken, daß bei gleichzeitigem Lärm die Raumbegrenzung als unangenehmer empfunden wird als bei relativer Ruhe.

3. Desgleichen wird eine räumlich saubere Anordnung weniger zum Gefühl der „Überbevölkerung" führen, als dies in einer „unordentlichen" Situation der Fall ist.

4. Wo bei ähnlicher räumlicher Begrenzung starke Momente des Wettbewerbs vorliegen, wird die Situation als stärker „überbevölkert" betrachtet.

5. Bei relativ hoher Dichte (DN) und gleichzeitig hoher sozialer Kontrolle wird das Gefühl der „Überbevölkerung" stärker empfunden.

6. Schließlich: Personen, die nach Persönlichkeitscharakteristiken aggressiver oder ungeduldiger sind, werden stärker auf bestimmte Dichtemerkmale (DN und Dv) reagieren als Ausgeglichene.

Wir müssen davon ausgehen, daß diese sozialpsychologischen Aspekte deshalb eine Bedeutung für Stadtplanung haben, weil wir die städtische „Überbevölkerung" als Folge von mikrosozialen Crowding-Erscheinungen, insbesondere im Bereich Dv, verstehen können.

Es war Ziel dieses Kapitels, Beziehungen zwischen objektiven Dichtemerkmalen und subjektiver Dichteerfahrung darzustellen. Als Ergebnis kann gewertet werden, daß räumliche Gestaltung das Sozialverhalten nicht direkt beeinflußt. In der Folge ergeben sich Fragen der Homogenität oder Heterogenität im Planungsgebiet. Es sind deshalb die Vorstellungen und Probleme, die mit der sozialen Mischung zusammenhängen, näher zu betrachten.

4. Mischung der Bevölkerung

Die Diskussion um eine wie auch immer geartete Mischung der Bevölkerung ist nicht zuletzt immer auch eine Diskussion um Werte des sozialen Lebens, eine Frage der Wünschbarkeit einer ausgeglichenen oder heterogenen Gemeinschaft. Mischung ist eine Frage von Homogenität oder Heterogenität. Was gesellschaftlich als homogen, was als heterogen betrachtet wird, hängt entscheidend von der Wertstruktur und den Zielvorstellungen ab. Welche Kriterien sollen angewendet werden, auf welche Einheiten beziehen sie sich? Es besteht kein Zweifel daran, daß die moderne Industriegesellschaft eine höchst komplexe Struktur aufweist. Gerade diese hohe Komplexität bedingt Heterogenität in gesellschaftlichen Zielvorstellungen und verhindert weitgehend einen Konsensus, wie eine Gesellschaft strukturiert sein sollte, um jedem Individuum, wenn nicht ein Höchstmaß an Freiheit, so doch wenigstens ein Mindestmaß an Behinderung und Einschränkung zu gewähren. Auf die Problematik der Schichtung im Zusammenhang mit der Mischung der Bevölkerung wird weiter unten noch einzugehen sein.

Vorstellungen über gewünschte Mischung sind selten explizit formuliert. Wie bereits im einleitenden Kapitel festgestellt, hängen Vorstellungen über optimale Mischung sehr eng nicht nur mit Vorstellungen über Struktur- und Funktionsweise der Gesellschaft zusammen, sondern auch mit der Einstellung zu Möglichkeiten der Raumplanung, soziales Verhalten und damit gesellschaftliche Strukturen zu beeinflussen. Im ersten Abschnitt sollen einige Aspekte der Homogenität bzw. Heterogenität herausgestellt werden, wobei weniger Vollständigkeit als Denkanstöße angestrebt werden. Solange den Planern von den Sozialwissenschaften keine Kriterien an die Hand gegeben werden können, wie ein Wohngebiet zu strukturieren sei, um soziale Spannungen oder individuelles Fehlverhalten zu verhindern, solange das Wissen um die Beeinflussung von Verhalten durch die Bebauung des Raumes nur fragmentarisch vorhanden ist, kann man die Planer bzw. die politischen Entscheidungsträger nicht allein verantwortlich machen für Fehlplanungen.

Trotzdem ist es nach dieser Einschränkung legitim, die Planer zu fragen, wie sie der modernen Industriegesellschaft gegenüberstehen, welches Grundverständnis unserer Gesellschaft in ihre Planungen eingeht.

Dabei ist mit *Berndt* (1968) festzustellen, daß eine auffällige Blindheit gegenüber gesellschaftlich relevanten Tatsachen besteht. In der Praxis heißt das, daß vor Planungsbeginn kaum Untersuchungen über die zukünftige Wohnbevölkerung durchgeführt werden und daß, nachdem einmal eine konkrete Planung in Kraft gesetzt wurde, jede Diskussion um mögliche Folgen im Planungsbereich selber, aber auch im weiteren Umfeld unterbleibt, ja zum Teil bewußt verhindert wird. Hier liegt sicher eine Hauptursache für Fehlentwicklungen auf dem Gebiet der Wohnraumplanung, aber auch im Bereich von Strukturplanungen allgemeinerer Art.

Im zweiten und dritten Abschnitt soll gezeigt werden, welchen allgemeinen Stellenwert die Sozialökologie und Konzepte der sozialen Ungleichheit für die Frage nach der Mischung von Bevölkerungsgruppen haben.

4.1 Zielvorstellungen der Planer – soziologische Kritik

4.1.1 Organismus als Leitidee

Bei zahlreichen Planern herrscht explizit oder implizit eine organizistische Auffassung gesellschaftlicher Prozesse vor. Die Annahme, die menschliche Gesellschaft stelle einen Gesamtorganismus dar, dessen Einzelteile miteinander so verbunden sind, daß Ausfall oder Unterfunktion nachteilige Wirkungen auf die Gesamtstruktur habe, ist weit verbreitet. Das Organische zu fördern, zu erhalten wird für sie zum Stilprinzip und Leitmotiv ihres Handelns. Grundidee ist eine „organische", ja wünschbare Struktur der Gesellschaft, die nicht zuletzt in der Zersiedlung der Landschaft ihren Ausdruck findet. Um den Verlust wertvoller Bindungen für das Individuum zu vermeiden, um Verunsicherungen im Verhalten des einzelnen bei der Findung einer Position im gesellschaftlichen Gefüge zu verhindern, soll die Verbundenheit mit der Natur, dem Natürlichen überhaupt durch bauliche Maßnahmen gefördert werden. Dabei wird übersehen, daß nur noch ein geringer Teil der Industriebevölkerung überhaupt in der Lage ist, ein spezifisches Verhältnis zur Natur zu entwickeln. Die urbanen Lebensformen mit „unnatürlichen" Verhaltensweisen dominieren in der Industriegesellschaft. Romantische Erinnerungen an das Leben auf dem Lande können nicht zum Leitbild der Planung einer auf andere Bedürfnisse ausgerichteten Gesellschaft werden. Hier ist sicherlich ein „cultural-lag" feststellbar, d. h. die menschlichen Bewußtseinsinhalte halten nicht Schritt mit der Entwicklung in anderen gesellschaftlichen Bereichen. Der Wunsch, ein Häuschen im Grünen zu besitzen, ist vor allem deshalb noch weit verbreitet, weil es zum

großen Teil versäumt worden ist, alternative Wohnformen in der Stadt zu entwickeln, die wegführen vom „Drei Zimmer-Küche-Bad-Balkon"-Einheitsstil.
„Das Wort Organismus findet seine einheitliche Verwendung in bezug auf die ständische Gliederung der Bevölkerung, die nicht als in Klassen aufgespalten, sondern als ein gegliederter Volkskörper gesehen wird" (*Berndt,* 1968: 32). Im organischen Städtebau soll die Stadt „nach den Gesetzen des Lebens" planerisch geformt werden. Dabei bleibt ungeklärt, was unter „Gesetzen des Lebens" zu verstehen ist.

Soziale Systeme, kennen keine „natürlichen Ordnungen" an sich. Lebensformen entwickeln sich kulturspezifisch aus den Bedürfnissen einer Gesellschaft. Zu fragen bleibt, ob die Planung diesen Bedürfnissen gerecht wird oder der Vorwurf gerechtfertigt ist, daß sich Planung gerade im Wohnbereich nicht an den Bedürfnissen unserer Tage, sondern an einem vergangenen Ideal orientiert?

Entscheidend für diese Position (abgesehen von ihren historischen Quellen, die hier nicht diskutiert werden können) ist eine bestimmte politische Ideologie, die bei Planern und Entscheidungsträgern dazu führt, zu glauben, sie seien zur Verteidigung herrschender Werte berufen, ohne daß sie diese Wertvorstellung näher präzisieren oder gar auf ihre gesamtgesellschaftliche Gültigkeit oder historische Wurzeln hin überprüfen.

Der ideologische Gehalt derartiger Planungsziele – ausgedrückt in Bebauungsdichten und anderen sog. technischen Notwendigkeiten im Städtebau – wird häufig gerade dadurch verstellt, daß man sich immer wieder auf technisch konsistente Modelle zurückziehen kann. Die scheinbare Sicherheit des Sachzwanges läßt die notwendige Auseinandersetzung mit Entwicklungen in der Gesellschaft überflüssig erscheinen.

Ein vorherrschender Wert dieser Gesellschaftsordnung ist das Privateigentum, auch das Privateigentum an Grund und Boden, dem wohl knappsten Gut der modernen Großstadt. Diese Wertvorstellung hat zu entscheidenden Veränderungen in den Großstädten geführt. Die Nutzungsform, die den größten Ertrag verspricht, verdrängt nach und nach alle anderen. Die homogene Nutzung der Innenstädte durch Banken, Kaufhäuser, Bürohochhäuser usw. hat die angestammte Bevölkerung an die Peripherie verdrängt. Als Ergebnis dieses Prozesses beklagt man heute die Verödung der City nach Geschäftsschluß und den Verlust an Urbanität in den Stadtrandgebieten. Der Wert Privateigentum wird auch ausgedrückt im Postulat der Eigentumsbildung in privater Hand, konkretisiert im Familieneigenheim, das wegen der hohen Grundstückskosten nur immer stadtferner realisiert werden kann. Die dadurch entstehenden Probleme, die Isolation durch Reduzierung von Kontakten, das Entstehen abweichender Kulturformen in jugendlichen Banden, der Verlust von bürgerlich-städtischen Verhaltensweisen, der Verlust von Öffentlichkeit ist das Ergebnis verfehlter Planung.

4.1.2 Probleme der Homogenität und Heterogenität

Das Gliederungsschema beliebiger Industriestädte als Ergebnis der vorher diskutierten Wertvorstellung liegt auf der Hand. Wirtschaftlicher Mittelpunkt mit Dienstleistungseinrichtungen und Repräsentationsbauten bilden den Stadtkern, darum ein Ring mit älteren Wohnbauten, reserviert für die „einfache Bevölkerung", dann folgen die „gehobenen" Wohnbezirke, ausgesiedelt die Produktionsunternehmen mit großem Flächenbedarf, und an der Peripherie schließlich die Wohnsilos des sozialen Wohnungsbaus.
Eine solche homogene Gliederung von Stadträumen läßt auf die Vorstellung einer „organisch" funktionierenden Gesellschaftsstruktur schließen, die jeder Gruppe, Schicht oder Klasse einen bestimmten „natürlichen" Standort zuweist. Homogenität ist somit einmal ein Problem der Nutzung, zum anderen eine Frage der Mischung der Bevölkerung. Homogene Nutzung nach dem oben beschriebenen Modell führt zwangsläufig zur Verödung bestimmter Stadtteile zu bestimmten Zeiten. Die Trennung von Wohnung und Arbeitsplatz bringt nicht nur Verkehrsprobleme mit sich, sondern führt auch zu höherer psychischer Belastung der Familie, wie in verschiedenen Untersuchungen nachgewiesen wurde. Stadtteile und Wohnbezirke mit homogener Sozialstruktur begünstigen die Isolierung einzelner Bevölkerungsgruppen, fördern das Entstehen schichtspezifischer Verhaltensweisen, die zu gesamtgesellschaftlichen Normen in Widerspruch stehen und damit zu kriminellen Akten führen können.
Herbert J. Gans (1961) untersuchte den Zusammenhang zwischen Homogenität und sozialen Beziehungen. Er wies nach, daß Bau- und Lagepläne soziale Kontakte begünstigen oder beeinträchtigen können. Dabei kam er zum Ergebnis, daß zwar Homogenität in enger Nachbarschaft intensivere soziale Beziehungen fördert, weil erst ein gewisser Homogenitätsgrad bei Zugrundelegung einer einzigen Gruppe von Werten entstehen kann. Aber Nachbarschaftskontakte sind nicht die einzig wünschbaren Werte einer demokratischen Gesellschaft. Heterogenität ist aus anderen, mindestens ebenso wichtigen Gründen zu fördern, z. B. zum Erlernen von Toleranz bei sozialen und kulturellen Unterschieden, Konfrontation mit anderen Lebensstilen usw. So finden sich in der soziologischen Literatur der Vereinigten Staaten viele Beispiele für das Auftreten jugendlicher Banden, die meistens aus einem Unterschichtsmilieu kommen, in einer Art Getto sozialisiert werden und selten die Chance erhalten, andere sozial anerkannte Verhaltensweisen zu erlernen, weil die Homogenität des Wohnviertels dieses Kennenlernen alternativer Lebensweisen verhindert.

Abweichendes Verhalten ist als Folge von Normenkonflikten zu sehen, entweder weil die institutionalisierten Mittel zur Normerfüllung, die dem Individuum zur Verfügung stehen, unzureichend sind oder weil sich das Individuum einer bestimmten Lage nicht gewachsen zeigt.

In diesem Fall ist die Wahrscheinlichkeit groß, diejenigen Aspekte der Kultur, die zum Entstehen ihrer Probleme beitragen oder deren Lösung erschweren, zu verwerfen und durch Erwartungen und Normen zu ersetzen, die ihnen in ihrer Umwelt vorgelegt werden, mit denen sie bequemer auskommen können (*Cohen*, 1968: 185). Deshalb läßt auch die Normenstruktur in sozialen Untergruppen Variationen zu, die durch Klassengrenzen, ethische, kulturelle oder religiöse Schranken gekennzeichnet sind.

Das Verlassen bestimmter regionaler Bezirke ist häufig gleichzusetzen mit dem Überschreiten dieser sozio-kulturellen Schranken.

Es sind also Verhaltensregeln denkbar, die in verschiedenen sozialen Gruppen ein und derselben Gesellschaft kollidieren oder kontradiktorisch einander gegenüberstehen. Fraglich bleibt, ob es Normen und Wertvorstellungen gibt, die in allen sozialen Gruppen gleichermaßen akzeptiert werden, oder ob die Konfrontation mit einer bestimmten anerkannten Regel in einer konkreten Situation eine breite Variation von Verhaltensformen hervorbringt. Geht man aber von der Zielvorstellung aus, daß in einer demokratischen Gesellschaft verschiedenartige Menschen, „die stolz auf ihre Verschiedenartigkeit sind" (*Gans*, 1961: 177), miteinander leben, sollte man bei der Planung von Wohngebieten Mischformen den Vorrang geben, damit auch die Chance des Miteinanderlebens bewahrt wird.

Die Soziologie ist vielleicht in der Lage aufzuzeigen, welche Faktoren, die eng mit der Stadtplanung in Zusammenhang stehen, Formen abweichenden Verhaltens einschließlich der Kriminalität hervorbringen, sie kann aber zur Zeit keine Therapievorschläge anbieten, weil dafür sowohl die theoretischen Voraussetzungen als auch die empirischen Grundlagen fehlen.

Neben Stadtsanierung müßte eventuell eine „moralische Sanierung" (*Mitscherlich*) treten, die aber, da sie normativ ausgerichtet ist, weder von den Sozialwissenschaften noch von der technischen Planung allein geleistet werden kann.

„Ein wichtiges Moment im Selbstverständnis der Stadtplaner ist ihr Wunsch nach Ordnung. Das Bestreben, ‚Ordnung zu schaffen', entsteht unter dem Druck der Berufsarbeit. Der Stadtplaner ist beauftragt, die städtischen Verhältnisse soweit übersichtlich zu ordnen, daß künftige Entwicklungstendenzen gelenkt werden können" (*Berndt*, 1968: 102).

Raumordnung wird nicht unbedingt als Ordnung sozialer Inhalte verstanden, sondern häufig genug und naiverweise als Synonym für Verwaltung selbst. Wo Raumordnung als Ordnung sozialer Strukturen gesehen wird, fehlen inhaltliche

Definitionen, weil eher global an eine irgendwie gegliederte Gesellschaft gedacht wird, die am besten in der Lage sei, dem „Gemeinwohl" zu dienen.

Ein Zitat aus dem SARO-Gutachten (1961) soll diesen Standpunkt illustrieren: „Es müssen also Grenzen gezogen werden und Rangordnungen, die dem gesellschaftlichen Leitbild gemäß sind, aufgestellt werden. Hier liegen Ordnungsprinzip und Ordnungsaufgabe von Raumordnung und Raumordnungspolitik. Ordnung bedeutet in diesem Zusammenhang Behebung der von der Raumbeanspruchung her kommenden Spannungen. Ausgleich aus den übergeordneten Gesichtspunkten der allgemeinen Wohlfahrt, Stufung der beanspruchten Freiheit gemäß dem gegebenen einzelnen Fall, Umwandlung des Widerstreites der einzelnen Interessen in ein System von koordinierten Rechten, d. h. also: Verwirklichung des Leitbildes" (*SARO-Gutachten, S. 53*).

Die Vorstellungen einer richtig geordneten und abgestuften Gesellschaft führen zum Leitbild einer richtig geordneten Stadt, einer Stadt mit überschaubaren Nachbarschaften, mit quantitativ fixierten „Grundzellen", in denen die benötigten Gemeinschaftseinrichtungen wie Volksschulen, Spielplätze, Gaststätten, Krankenhäuser, Polizeireviere usw. genau auf die Einwohnerzahl hin planbar erscheinen.

Die Feststellung „gesunder Normen" eines Stadtbezirkes entpuppt sich indes häufig als willkürliche Abgrenzungen der Planungsverwaltung, die nicht mit den tatsächlich erlebten und von der Bevölkerung akzeptierten Stadtteilgrenzen zusammenfallen müssen.

Den Planern erscheinen menschliche Bedürfnisse und ihre Befriedigung planbar, nicht im Sinne totaler Bürokratisierung, sondern mit dem Bemühen um „Wertfreiheit", denn unter technischen Aspekten lassen sich Planungsentscheidungen immer zum Wohle der Allgemeinheit darstellen.

Der Rückzug auf die praktische technische Rationalität erschwert dem Bürger eine Kontrolle von Baumaßnahmen und Raumplanung. Die Betroffenen vermögen denn auch kaum, ihre Wünsche und eigenen Zielvorstellungen zu artikulieren und vorzutragen.

Mit dem Begriff Heterogenität sollen zwei Aspekte gekennzeichnet werden, nämlich einmal eine funktionelle und institutionelle Gliederung des Raumes, die z. B. im Standortgefüge einer Stadt sowohl baulich als auch nutzungsmäßig ihren Ausdruck findet, zum zweiten eine soziale Durchmischung der Wohnbevölkerung. Im ersten Fall kann man von „Ordnungen aus Leistungszusammenhängen" sprechen (*Ipsen*, 1956).

Die immer wieder als Modellfall herangezogene mittelalterliche Stadt kannte bei heterogenen gewerblichen Strukturen eine z. T. homogene räumliche Nutzungsstruktur. Dabei ist aber zu bedenken, daß durch die große Dichte der verschiedenen Nutzungsformen im fußläufigen Bereich und die enge Verbindung von Wohn- und Arbeitsstätten die Nachteile der Homogenität wieder aufgehoben wurden.

Die Multifunktionalität der modernen Großstadt brachte nach und nach eine immer stärkere räumliche Segregation nach oben aufgezeigten Muster mit sich. Die sich zunächst spontan ergebende monofunktionale Nutzung von Teilgebieten wurde in der zweiten Hälfte des 19. Jahrhunderts zum Planungsprinzip erhoben. Die fatalste Folge dieser Entwicklung scheint heute die zeitverschobene Nutzung von Kerngebieten (Tagbevölkerung) und Wohngebieten (Nachtbevölkerung) der Städte zu sein. Die homogene Nutzung bringt neben den starken Verkehrsströmen morgens in die Stadt, abends zurück in die Wohngebiete negative Folgeerscheinungen für die in den Wohngebieten zurückbleibende Restbevölkerung mit sich. Der nicht im Produktionsprozeß stehende Teil der Bevölkerung, vor allem Hausfrauen, Kinder und Rentner wird durch die räumliche Verteilung verstärkt in eine marginale Position gedrängt, in der sie sich aufgrund ihrer „Nicht-Verwendung" im Produktionsprozeß sozial schon befinden. Die homogene räumliche Verteilung, die Verdrängung an den Stadtrand, manifestiert die soziale Randlage dieses Bevölkerungsteils. Die heute übliche Trennung von Wohngebiet, Gewerbegebiet, Verwaltungs- und Handelszentrum wird selten in Frage gestellt. Dabei ist anzunehmen, daß gerade die Segmentierung in diesen Bereichen die Isolierung in Wohngebieten fördert. Es ist nicht einzusehen, warum Menschen, die urbane Lebensformen bevorzugen, kaum noch Chancen haben, in Kerngebieten der Städte qualitativ und quantitativ ausreichenden Wohnraum zu finden. Einer allmählich einsetzenden Umorientierung vor allem junger Leute zum Wohnen in der Stadt steht die Vernichtung von Wohnraum in Kerngebieten vor allem durch Dienstleistungseinrichtungen entgegen. Ob und wieweit legalistische Korrektive z. B. im Bereich der Stadtsanierung diese Tendenzen eindämmen können, bleibt abzuwarten.

Betrachtet man die Probleme der Heterogenität im Zusammenhang mit der „sozio-residentiellen Gliederung" (*Pfeil*, 1972: 184), so fällt auf, daß Fragen der ethnischen und rassischen Segregation in den USA zu den Hauptproblemen der Stadt gehören. Jede größere Stadt der USA hat ihr Italiener-, Skandinavier- oder Chinesenviertel. Fragen der Akkulturation und Integration dieser ethnischen Minderheiten wird breiter Raum eingeräumt. Sieht man von der jüngsten Zeit, der Zuwanderung und räumlichen Verteilung von Gastarbeitern in europäischen Städten ab, lassen sich die Probleme der räumlichen Durchmischung einmal an der Verzerrung des Altersaufbaus und an der sozialen und beruflichen Zusammensetzung bestimmter Stadträume ablesen.

Die „Auseinandersiedlung von alten und jungen Familien" (*Pfeil*, 1972: 185), die sich scheinbar ungeplant vollzieht, läßt heute schon eine Reihe negativer sozialer Folgen erkennen.

Junge Familien finden in der Regel Wohnungen, die ihren räumlichen Bedürfnissen und ökonomischen Möglichkeiten entsprechen, nur noch in Neubaugebieten am Stadtrand, während die älteren Menschen am Rande der Kerngebiete in zum Teil sanierungsbedürftigen Wohnungen bleiben.

Dadurch, daß in der Regel immer auf eine bestimmte Zielgruppe hin geplant wird, sei es um den dringend benötigten Wohnraum für junge oder kinderreiche Familien zur Verfügung zu stellen, sei es um menschenwürdige Lebensräume für ältere Bevölkerungsgruppen zu erstellen, ergibt sich eine tendenzielle Homogenisierung von Teilräumen, die zu unerwünschter sozialer Segregation und Isolierung führt. Um aber im weitesten Sinne Begegnungsräume und Kontaktstellen planen zu können, benötigt man neben demographischen Angaben vor allem empirisches Material über Raum- und Wohnbedürfnisse der verschiedenen Altersgruppen. Werden Kernstadtsanierungen und Neubauplanung darauf abgestellt, kann ohne dirigistische Maßnahmen eine altersmäßige Durchmischung erreicht werden.

Schwieriger gestaltet sich die Durchmischung von sozial heterogenen Gruppen in Wohngebieten. Wie *O. D. und B. Duncan* (1955) feststellten, findet soziale Distanz nicht zuletzt in räumlicher Distanz ihren Ausdruck. Bestimmte Stadtteile lassen sich mehr oder weniger manifest von der sozialen und beruflichen Stellung ihrer Bevölkerung her definieren. Hier zeigen sich natürliche ökonomische Bedingungen, der Raum tritt als Kostenfaktor ins Bewußtsein der Menschen.

Aus den recht globalen Statistiken, die zur Zeit zur Verfügung stehen, und aus Detailuntersuchungen bestimmter Städte läßt eine sozial-räumliche Analyse den Schluß zu, daß eine stadtteilmäßige Segregation nach Berufszugehörigkeit oder Schichtzugehörigkeit (d. h. das anteilmäßige Übergewicht bestimmter Gruppen) zu unterschiedlicher Ausstattung eines Quartiers mit sozial-kulturellen Einrichtungen, z. B. Oberschulen, Hallenbäder, Parks usw. führt.

Nach *Duncan* läßt sich die Homogenität eines Stadtviertels um so eher nachweisen, je klarer definiert der Status einer Gruppe ist. Ober- und Unterschichtviertel sind eindeutiger nachzuweisen als Mittelschichtquartiere.

Die Ursachen für diese Segregation sind primär in zwei Bereichen zu suchen: im ökonomischen und im sozialpsychologischen, wobei zum ersten festzustellen ist, daß die ökonomisch Bessergestellten natürlich eher in der Lage sind, die „besseren", d. h. teureren Wohngebiete zu besiedeln.

Dabei ist schwer zu unterscheiden, ob es sich in der Bauplanungspolitik um bewußte Segregierung handelt, da man ideologisch verfestigt glaubt, soziale Ungleichheit, ausgedrückt in der sozialen Schichtung, sei etwas „Natürliches", oder ob es sich um zufällige Entwicklungen handelt. Schwerwiegender sind die sozialpsychologischen Folgen. Erwartungen, in einem bestimmten Stadtteil eine

„bekannte" Umgebung, Identität im Lebensstil, Konsumverhalten, Einkommen usw. zu finden, führen zum Entstehen von Subkulturen. Subkulturen wirken dann als Verstärker der Segregation und sind somit ein Hemmnis für soziale Mobilität.

Ein Hauptkennzeichen einer Industriegesellschaft ist aber das Vorhandensein sozialer Mobilität breiter Bevölkerungsgruppen.

Entscheidet man sich nach sozialpolitischen Zielsetzungen für eine heterogene Durchmischung des besiedelten Raumes, so bleibt zunächst und vielleich für längere Zeit die Frage der Durchsetzbarkeit offen.

Festgehalten werden kann nur, daß eine heterogene Siedlungsstruktur einer homogenen vorzuziehen ist, obwohl man sich bewußt sein muß, daß die vorgegebenen Auswahlkriterien der Mischung implizit eine Filterwirkung ausüben, die häufig unbewußt wirkt.

Die oft formulierte Zielsetzung, durch planerische Maßnahmen eine möglichst ausgeglichene Durchmischung gesellschaftlicher Bevölkerungsgruppen zu erreichen, erweist sich solange als Leerformel, wie die Kriterien der Gruppierung, die Homogenität respektive Heterogenität bewirken, nicht festgestellt werden. Einerseits stehen solchen Zielen die tatsächlichen Verhältnisse in großstädtischen Situationen entgegen: Es ist unrealistisch anzunehmen, daß Besitzverhältnisse so umstrukturiert werden könnten, daß eine Durchmischung insgesamt noch möglich wäre. Andererseits müßten die beeinflußbaren Faktoren der Mischung in jenen Gebieten, die neu überbaut werden, in jedem einzelnen Falle geprüft werden.

Denkbare endogene Maßnahmen werden sich vermutlich immer an endogenen Einflüssen orientieren. Es kann planerisch viel weniger beeinflußt werden, als gemeinhin angenommen wird.

Sowohl die Einflüsse, die auf ein Planungsgebiet durch die bereits bebaute, belebte Umgebung einwirken, wie auch die Einflüsse gesamtgesellschaftlicher Art, die von Schichtung und Mobilität ausgehen, sind höchst komplexer Natur. Sie sind derart vielfältig, daß sie an dieser Stelle nur erwähnt, im folgenden Kapitel indessen aber näher erläutert werden.

Zur Information des Planers seien an dieser Stelle einige Hinweise über sozialwissenschaftliche Methoden und Ansätze gegeben, die sich spezifisch mit Aspekten der Mischung befassen.

4.2 Sozialökologische Aspekte

Die amerikanische Soziologie, die immer pragmatischer und praxisorientierter war als die europäische, hat zu Beginn dieses Jahrhunderts versucht, Fragen von Wohnumwelt und Sozialverhalten wissenschaftlich zu untersuchen.
Ausgangspunkt war die Erfahrung, daß auf der einen Seite Planer und Architekten isoliert nach fast ausschließlich technischen Gesichtspunkten Städtebau und Regionalplanung betrieben, während andererseits die Sozialwissenschaften soziale Probleme der modernen Großstadt untersuchten.
Versuche einer Integration fanden fast ausschließlich auf regionaler Ebene statt. Die Planer hatten nach ihren Erfahrungen das Bedürfnis nach Informationen und neuen Gesichtspunkten, die nicht Bestandteil ihrer Ausbildung waren (*Dewey*, 1950).
Das Verhältnis von Mensch und Raum wurde zum Forschungsgegenstand. Von der Soziologie erwartete man praktische Lösungen zur Abwendung von Dysfunktionalitäten in den schnellwachsenden Großstädten und Stadtregionen.
Die in der Chicagoer Schule entstandene Disziplin der Sozialökologie, die ihren Begriffsapparat und auch viele ihrer Methoden aus der Pflanzen- und Tierökologie übernommen hat, sieht ihre Hauptaufgabe in der Erforschung der Beziehungen zwischen Organismen (Menschen) und ihrer Umwelt. Daß diese Beziehungen bestehen, wird wohl niemand bestreiten. Wie sie sich indessen darstellen, welchen Wechselwirkungen Mensch und Umwelt unterliegen, blieb bis heute kontrovers.
Im Gegensatz zu Tier und Pflanze ist der Mensch weniger umweltabhängig, denn er ist in der Lage, in starkem Maße die Umwelt seinen Bedürfnissen anzupassen und sie zu verändern. So kann die Sozialökologie als ein allgemeiner soziologischer Ansatz zur Analyse der Gesellschaft verstanden werden, wenn sie sich auch in ihrem Ansatzpunkt fast ausschließlich auf die Stadt konzentrierte. Nach ihrer Definition zielt die Sozialökologie auf die Analyse räumlicher Strukturen als Abbild sozialer Prozesse (*Pfeil*, 1972).
McKenzie (1924: 288) schreibt der Sozialökologie als Aufgabengebiet die „Untersuchung räumlicher und zeitlicher Beziehungen menschlicher Lebewesen, wie sie durch die selektiven, distributiven und adaptiven Kräfte der Umwelt bewirkt werden" zu (S. 288). Sein Hauptaspekt dabei ist die Untersuchung von ökologischen Organisationen und ökologischen Prozessen. Die räumliche Verteilung von wirtschaftlichen Versorgungseinrichtungen und Wohngebieten als ökologische Einheit beeinflußt wiederum durch eine Reihe von Prozessen menschliches Sozialverhalten. Ökologische Prozesse laufen danach stets innerhalb einer relativ rigiden strukturellen Basis ab, denn die räumliche Gebundenheit von

Verkehrswegen und Bauten engen den Bewegungsspielraum von Menschen und Waren beträchtlich ein.

R. E. Park, der den Begriff Sozialökologie prägte, geht in seiner Analyse aus von der Gesellschaft als einem Prozeß, den er am Objekt der Stadt untersucht. Die Stadt ist für ihn eine ökologische Einheit, die dem Wettbewerb unterliegt und die immer wieder einen Gleichgewichtszustand anstrebt. Im Vordergrund seiner Überlegungen stehen weniger die Beziehungen zwischen Individuen und ihrer Wohnumgebung als die Beziehungen zwischen Mensch und Mensch, soweit sie – unter anderen Faktoren – beeinflußt werden durch den Wohnstandort (*Park,* 1915).

Die Chicagoer Schule sah nach *Szabo* (1953) in den sozialen Beziehungen eine Superstruktur über einer ökologischen Infrastruktur, wobei eine theoretische Grundlegung der Wirkungsweise sozialer Beziehungen fast immer unterblieb. Das Kräftefeld der Stadt, das immer wieder Wandlungsprozesse hervorbringt, bedingt ständige Anpassungsleistungen des Menschen, so daß man mit *Park* von einem fließenden Gleichgewicht sprechen kann. Wie die menschlichen Anpassungsleistungen sich vollziehen, bleibt aber bei *Park* vage.

Die Prozesse, die das Gleichgewicht verändern und verschieben, werden durch vier Hauptbegriffe gekennzeichnet:

1. *Dominanz,* d. h. das Vorherrschen einer bestimmten Nutzungsform eines Stadtgebietes
2. *Invasion,* z. B. das Eindringen von Gewerbebetrieben in ein Wohngebiet
3. *Sukzession,* d. h. die Nachfolge einer Bevölkerungsgruppe in ein Stadtgebiet, das von einer anderen Gruppe verlassen worden ist
4. *Adaption,* d. h. die Anpassung des Menschen an diese Umweltveränderungen

Der Grad der Dominanz bietet die Möglichkeit, die Auswirkungen eines sozialen Merkmales vom Zentrum zur Peripherie hin durch einen Gradienten zu messen.

Auf der Basis dieses Begriffsschemas wurden in zahlreichen empirischen Studien eine Reihe von Prozessen beschrieben. Die Deskription erfolgte zumeist anhand von demographischen Daten, die Volkszählungsergebnissen entnommen wurden. So fruchtbar der sozialökologische Ansatz war, unterlag er zu Recht scharfer Kritik. Zunächst fehlt eine saubere theoretische Grundlegung. Die Verwendung von Sekundärdaten, deren Aussagefähigkeit in bezug auf die zu untersuchenden Prozesse nicht hinlänglich geprüft wurden, läßt die Beschränkung der Sozialökologie klar zu Tage treten. Viele ihrer Untersuchungen sind empiriziztischer Natur: Es wird aus der Beschreibung von Tatbeständen direkt eine Erklärung abgeleitet. Weder dürfen die Wechselwirkungen als gesichert betrachtet werden, noch vermögen „sozialökologische Gesetze" jeweiligen raumzeitlichen Bedingungen zu entgehen. Allgemeine sozialökologische Hypothesen wurden dergestalt kaum jenen Prozessen wissenschaftlicher Verifikation unterworfen. Eine gewisse Unklarheit in den Begriffen verhinderte bislang die Weiterführung dieses Ansatzes hin zu einer soziologischen Theorie.

Die Umwelt des Menschen wird nach *Hawley* (1950) in der Sozialökologie mehr als geographische und demographische erfaßt und im geophysikalischen Sinne bestimmt. Daher stehen im Vordergrund quantifizierbare Variablen wie Dichte, Bebauung, Verkehr und Mischung der Bevölkerung anhand einfacher Sozialdaten. So werden zwar eine Folge sozialer Prozesse untersucht und dargestellt, aber nicht ihre Ursachen ergründet. Eine soziologische Analyse unter Verwendung von Begriffen wie Interaktion, Institution, Normen, Werten, Sanktionen, findet nicht statt.

Eine soziologische Theorie der Stadt hätte Aussagen über Art und Grad des Einflusses von sozialen und räumlichen Strukturen (und umgekehrt) zu machen, statt einzig den räumlichen Niederschlag sozialer Strukturen zu beschreiben" (*Pfeil*, 1972: 165).

Die Gleichsetzung demographischer Segmentierung mit sozialer Segmentierung, wie sie in der Sozialökologie geschieht, ist theoretisch so nicht zu halten, eher noch kann man feststellen, daß die soziale Segmentierung ihren Ausdruck in der räumlichen Segmentierung findet.

Aussagen über die Einflußmöglichkeiten bestimmter Planungsmaßnahmen auf das Sozialverhalten sind mit diesem Ansatz nicht zu leisten, obwohl die Ansammlung demographischer Daten in einer Reihe empirischer Untersuchungen zumindest einen Ansatz bieten, soziale Konsequenzen von Raumordnung und Planung zu überdenken.

4.3 Mischung – Soziale Ungleichheit

Im vorangegangenen Abschnitt ist dargestellt worden, daß die in der Sozialökologie erfolgte Gleichsetzung der demographischen mit der sozialen Segmentierung einer Bevölkerung theoretisch nicht haltbar ist. Eine Beantwortung der Frage nach der „richtigen" Mischung von Bevölkerungsgruppen kann allerdings auch von den Theorien sozialer Ungleichheit und den entsprechenden Forschungen nicht erwartet werden. Dies einerseits, weil Zielsetzungen über „richtig" oder „falsch" nicht aus gesellschaftlicher Strukturanalyse heraus abgeleitet werden können, andererseits, weil Theorien über soziale Ungleichheit oft mit Hilfe der im weiteren Sinne als demographisch zu bezeichnenden Faktoren operationalisiert worden sind oder weil sie in der empirischen Forschung überhaupt nicht aufgenommen wurden. Auf diesen Aspekt wird unten näher einzugehen sein. Es sei in diesem Zusammenhang Hauptkritik an den Theorien der sozialen Ungleichheit vorweggenommen: Die Bedeutung aller Ungleichheitsansätze hängt für den Planer davon ab, daß und inwieweit diese in konkrete, empirische Forschungsansätze umgesetzt werden können.

4.3.1 Soziale Ungleichheit als gesellschaftliches Strukturierungsprinzip

Daß Fragen über Art, Kriterien oder Ausmaß von Mischung gestellt werden können, setzt entsprechende Formen von Ungleichheit voraus. Räumliche Aspekte der Mischung sind im vorangegangenen Abschnitt dargestellt worden. Hier sollen soziale zur Sprache kommen, unabhängig von ihren raumspezifischen Bezügen. Das Interesse an der sozialen Ungleichheit ist wissenschaftlich wie politisch. Aus wissenschaftlicher Sicht ist es wichtig, jene Merkmale herauszuarbeiten, die man als ursprüngliche, zentrale Gliederungskriterien oder als Strukturprinzipien von Gesellschaften erkennt. Unabhängig von den verschiedenen Grundansichten über das Verhältnis der verschiedenen Gruppierungen zueinander wird soziale Ungleichheit immer gesehen als Verhaltensungleichheit. In diesem Zusammenhang wird Verhaltensungleichheit ausgedrückt mit Begriffen wie „schicht-" oder „klassenspezifisch". Die Ansichten über die Bedeutung der sozialen Ungleichheit als soziales Verhaltensprinzip variieren von „unwichtig" bis „ausschließlich". Sehen die einen Theoretiker die soziale Ungleichheit als eines unter verschiedenen Strukturmerkmalen einer Gesellschaft, so interpretieren andere sie als das Alleinige oder Ursprüngliche. Die gestalterischen Wirkungen sozialer Strukturen der Ungleichheit und ihres Wandels erstrecken sich auf den gesamten sozialen Raum einer Gesellschaft ebenso wie auf ihre Teile, wie andererseits auf die Lebenschancen von einzelnen und Gruppen.

Aus politischer Sicht führte die Ideologie der Gleichheit und jene der Chancengleichheit zu einer großen Zahl von Forschungsprojekten. Ziele dabei sind zu zeigen, welche Gesellschaften dem Ideal der Gleichheit am ehesten entsprechen, und zu demonstrieren, daß die verschiedenen politischen Systeme für soziale Gleichheit oder Ungleichheit verantwortlich zu machen seien. Die Forderung nach Chancengleichheit, die inzwischen an die Stelle der Gleichheit getreten ist, ist ebenfalls nicht frei von apologetischem Charakter. Basierend auf der Einsicht, daß unsere Gesellschaften doch nicht jenen Grad von Gleichheit erreicht haben, den man sich erhoffte, hat man den Tatbestand der Ungleichheit wieder anerkannt und versucht nun, ihn langfristig durch die Gleichheit der Chancen zu verändern. Freilich ist dabei offen, ob die Gleichheit der

Chancen dazu führen soll, daß die soziale Ungleichheit insgesamt abgebaut werden soll oder ob nun mit Chancengleichheit auch die gleiche Chance für jedermann verstanden werden soll, ungleich zu werden. Die politische Bedeutung der sozialen Ungleichheit ergibt sich somit ebenfalls aus ihrem zentralen Stellenwert für die gesellschaftliche Gestaltung und für die Lebenschancen der einzelnen Gesellschaftsmitglieder. Die in politischen Programmen enthaltenen Stellungnahmen zur sozialen Ungleichheit bieten nicht nur die Handhabe zu ihrer moralischen Kritik. Aufgrund einer zuverlässigen Theorie der sozialen Ungleichheit läßt sich auch die Realisierbarkeit ideologischer Aussagen über die Gestaltungen der sozialen Ungleichheit beurteilen. So ist die Mehrzahl der theoretischen Versuche und empirischen Erhebungen über die soziale Ungleichheit immer wieder unmittelbar auf dem Hintergrund der jeweiligen politischen Diskussion zu sehen.

Die historische Diskussion über die soziale Ungleichheit ist gekennzeichnet durch zwei gegensätzliche naturrechtliche Grundannahmen. Unter der Annahme der natürlichen Ungleichwertigkeit der Menschen, für die das indische Kastensystem ein aktuelles Beispiel darstellt, kann soziale Ungleichheit als solche kein Gegenstand wissenschaftlicher Auseinandersetzungen sein. Bei der Annahme der natürlichen Gleichwertigkeit der Menschen stellt sich dagegen die Frage nach dem „Sündenfall", d. h. nach dem Entstehen und der Bedeutung der sozialen Ungleichheit. Abgesehen von den einzelnen Erklärungsversuchen der Entstehung der sozialen Ungleichheit, wie z. B. Arbeitsteilung, Produktionsverhältnisse, Einkommen/Besitz, Funktion, Herrschaft, Werte oder Normen und Sanktionen ist eine Gruppe jener, welche soziale Ungleichheit als unabdingbare Existenzvoraussetzung menschlicher Gesellschaften versteht, zu unterscheiden von einer zweiten Gruppe, welche soziale Gleichheit als einzig mögliches (zukünftiges) Strukturprinzip sieht oder anerkannt sehen möchte.

4.3.2 Drei grundlegende Konzeptionen *

4.3.2.1 Einteilung der Gesellschaft in zwei antagonistische Gruppierungen

Die soziale Ungleichheit kann als ein einseitiges Abhängigkeitsverhältnis gesehen werden. Die Gesellschaft zerfällt in zwei einander gegenüberstehende Gruppierungen. Die Angehörigen der beiden Gruppierungen werden jeweils durch das Verhältnis zur entgegengesetzten Gruppierung charakterisiert. Diese

* Die folgenden Ausführungen lehnen sich im wesentlichen an Ossowski (1961), Kap. II—IV, an.

dichotomische Konzeption der Sozialstruktur ist die Verallgemeinerung der zweigliedrigen, asymmetrischen Relation auf die ganze Gesellschaft, wobei eine Gruppierung auf Kosten der anderen privilegiert ist. Aus dieser Sicht ist die Ungleichheit durch Gegensätze gekennzeichnet zwischen Regierenden und Regierten, zwischen Reichen und Armen und zwischen jenen, für die man arbeitet und jenen, die arbeiten. Daraus ergeben sich die drei Dimensionen der Ungleichheit: Die Macht, das Einkommen bzw. der Reichtum und die Zwangslage (d. h. die physische und psychische Belastung) für jene, denen Arbeit für jemand auferlegt ist. Zu diesen drei die Ungleichheit nach *Ossowski* (1961) konstituierenden Merkmalen ist zu ergänzen, daß der Reichtum als ursprünglich verstanden wird und die beiden anderen von diesem abgeleitet werden können.

Marx geht davon aus, daß die Stellung im Produktionsprozeß die dominierende Lebenserfahrung vermittelt. Erfahrungen, gesammelt im Arbeitsprozeß und im Zusammenhang mit dem wirtschaftlichen Konflikt, sollten nach *Marx* die Mitglieder einer sozialen Klasse zur Entwicklung einer gemeinsamen Ideologie und schließlich zu gemeinsamen Handlungen führen. Dabei ist ihre Stellung zu den Produktionsmitteln nur eine notwendige, aber keine hinreichende Bedingung. Wiederholte Lohnkonflikte, erleichterte Kommunikation der Ideen zwischen den Klassenmitgliedern, das Wachstum des Klassenbewußtseins und die wachsende Unzufriedenheit über die Ausbeutung, welche ebenso sehr psychologische wie auch materielle Leiden zur Folge hat, sind weitere Bedingungen zur Überwindung von Differenzen und Konflikten zwischen Individuen und Gruppen innerhalb der Klasse und zur Bildung einer klassenbewußten politischen Organisation.

Aufgrund von *Marxens* Werk ist die Klasse vornehmlich als Bedingung für das Leben einer Gruppierung zu verstehen, die dauernd durch die Organisation der Produktion gegeben wird. Wichtig ist der gemeinsame Klassenfeind, denn ohne ihn würde die Konkurrenz zwischen den Klassenmitgliedern überhandnehmen. Die Bildung der Klasse ist also ein gradueller Vorgang, der davon abhängt, ob es gelingt, die gemeinsamen Interessen und die Gemeinsamkeit der Lage bewußtzumachen. Die Klasse ist aber erst voll entwickelt, wenn die Klassenmitglieder sich zur Verfolgung der gemeinsamen Ziele auch organisieren. Der Klassenkonflikt ist indes für *Marx* nicht einzig die Folge des Kampfes um wirtschaftliche Vorteile. Neben den bereits genannten Bedingungen betont er die Folgen der industriellen kapitalistischen Produktionsweise für das Individuum. Die kapitalistische Produktionsweise zwingt den Arbeiter in soziale Beziehungen, die ihn vom Produkt der Arbeit entfremden. Die Entfremdung entsteht durch Arbeitsteilung im industriellen Prozeß, die den Arbeiter zu einem Rädchen in einer gewaltigen Maschinerie degradiert und ihm somit jede Übersicht über seinen Arbeits- und Lebenszusammenhang nimmt. Für Marx ist diese psychologische Entbehrung viel wichtiger für die Revolution als die wirtschaftliche Armut, zu welcher der Kapitalismus die Massen verdammt.

4.3.2.2 Symmetrische Abhängigkeit gesellschaftlicher Gruppierungen

Die zweite Art von Beziehungen zeichnet sich durch eine gegenseitige, symmetrische Abhängigkeit aus. Hier zerfällt die Gesellschaft nicht, wie oben dargestellt, in zwei Gruppierungen, wobei die eine auf Kosten der zweiten privilegiert ist, sondern die einzelnen Gruppierungen unterscheiden sich durch ihre unterschiedlichen Funktionen, die sie zu erfüllen haben. Die Verschiedenheit der Funktionen haben spezifische Beziehungen zwischen den Gruppierungen zur Folge. Symmetrische Abhängigkeit bedeutet, daß die verschiedenen Funktionen sich gegenseitig bedingen.

Das Gesellschaftssystem erscheint als eine Hierarchie von Gruppierungen, wobei diese Hierarchie durch den jeweiligen funktionalen Zusammenhang der Gruppierungen untereinander gegeben ist. Eine Gruppierung A kann höher sein gegenüber der Gruppierung B auf andere Weise und aus anderen Gründen, als dies der Fall ist beim Verhältnis zwischen den Gruppierungen D und C. Wenn man von gegenseitiger, symmetrischer Abhängigkeit spricht, gleichzeitig aber die Gesellschaft in dieser Konzeption notwendigerweise hierarchisch gegliedert sieht, so stellt sich die Frage nach dem Merkmal, das die beiden auf den ersten Blick widersprüchlichen Linien miteinander verbindet. Die Theoretiker verwenden dafür den Begriff funktionale Bedeutung. Funktionale Bedeutung ist zu sehen auf dem Hintergrund der grundlegenden Annahme einer gemeinsam vertretenen, allgemein verbindlichen Zielhierarchie, oder anders ausgedrückt, einer allgemein akzeptierten, gültigen Hierarchie von sozialen Werten. Der Bezugspunkt für die funktionale Bedeutung ist die Gesellschaft selbst, deren oberstes Ziel darin besteht, ihre Existenz zu sichern. Der Beitrag der verschiedenen Gruppierungen bzw. Positionen zur Sicherung und Erhaltung der Existenz der Gesellschaft ist unterschiedlich groß. Neben dem einheitlichen Wertesystem haben nach den Hauptvertretern der funktionalen Ungleichheitstheorie *Davis und Moore* (1945) einige weitere Annahmen Gültigkeit. Der Mensch ist nur gegen entsprechende Belohnung (materieller oder immaterieller Art) bereit, soziale Positionen zu erwerben; diese Positionen werden ausschließlich im Wettbewerb zwischen Individuen mit gleichen Chancen erworben; Begabungen, Talente und das Ausmaß von Belohnungen sind, relativ gesehen, knapp. Allein ein differentielles Anreiz- bzw. Belohnungssystem kann daher die Besetzung aller gesellschaftlich notwendigen Positionen garantieren. Die Höhe der Belohnung richtet sich ausschließlich nach der funktionalen Bedeutung einer Position. Das System der unterschiedlichen Belohnung bzw. die Hierarchie der sozialen Ungleichheit ist somit das Abbild der funktionalen Bedeutung der verschiedenen Positionen im Hinblick auf die Existenzsicherung der Gesellschaft.

Im Gegensatz zur ersten Konzeption kann soziale Gleichheit kein Ziel sein, im Gegenteil: Soziale Ungleichheit ist eine unbedingte Voraussetzung für die Existenz menschlicher Gesellschaften. Die Träger sozial ungleicher Positionen können zwar ausgetauscht werden, auch sind marginale Änderungen in der Struktur der Ungleichheit möglich. Der Grundsatz der sozialen Ungleichheit als gesellschaftliches Strukturprinzip wird dadurch aber nicht angetastet.

4.3.2.3 Mehrstufige Anordnung gesellschaftlicher Gruppierungen ohne gegenseitige Abhängigkeit

Neben den beiden beschriebenen Möglichkeiten des Verhältnisses zwischen einzelnen Gruppierungen innerhalb einer Gesellschaft ist noch eine dritte denkbar: Gesellschaft kann als eine ein- oder mehrstufige vertikale Anordnung verschiedener Gruppierungen ohne jegliche Abhängigkeitsbeziehungen verstanden werden. An die Stelle eines Abhängigkeitsverhältnisses tritt ein Ordnungsverhältnis. Diese vertikale Ordnung drückt sich aus im unterschiedlichen Ausmaß, indem ein Merkmal oder mehrere Merkmale vorhanden sind. *Ossowski* (1961) spricht in dem einen Fall von einem einfachen, im anderen Fall von einem synthetischen Gradationsschema.

Auch bei dieser Konzeption der Gesellschaft sind Unterschiede festzustellen. Es geht um die Frage, in welchem Ausmaß ein Merkmal oder mehrere bzw. irgend eine Merkmalskombination vorhanden ist. Der vertikale Aufbau der Gesellschaft kann unterschiedlich gegliedert sein. Es können zwischen den Gruppierungen entweder fließende Übergänge oder tiefe Einschnitte bestehen. Im zweiten Fall entstehen durch die horizontalen Grenzziehungen deutlich voneinander abgrenzbare Gruppierungen. Zwischen den einzelnen Gruppierungen bestehen dann klar unterscheidbare Bewertungen des Höher und Tiefer bzw. eines Mehr oder Weniger. Dabei sind zwei Extreme möglich: Entweder werden die verschiedenen Gruppierungen als rein formale bzw. statistische Kategorien aufgefaßt, oder es wird nur dann von Einheiten sozialer Ungleichheit gesprochen, wenn zwischen der nach bestimmten Merkmalen gegliederten Bevölkerung eines sozialen Gebildes spezifische Verhaltensweisen feststellbar sind. Die Bildung von derartigen Einheiten ist aus soziologischer Sicht nur dann interessant, wenn die Abgrenzungen gleichzeitig Trennungslinien des Verhaltens bilden, wenn auf beiden Seiten einer Grenze unterschiedliche Verhaltensweisen festgestellt werden können.

Über die Frage, ob soziale Gleichheit oder Ungleichheit Ziel gesellschaftlicher Entwicklung sein soll, wird in Forschungsansätzen dieser Art explizit nichts ausgesagt. Das Interesse konzentriert sich vorweigend auf methodische Probleme. Ob ein Merkmal, etwa das Berufsprestige oder das Einkommen oder eine Merkmalskombination, die gesuchte Ordnungsskala bilden soll; ob der Forscher selbst die Einteilung vornimmt oder ob er sie aus den Vorstellungen von Befragten über Ungleichheitsdimensionen und ihren konkreten Vorstellungen darüber heraus entwickelt, wird entweder nicht untersucht oder ex post. Das Grundproblem dieser dritten Konzeption besteht darin, daß sie über keinen theoretischen Unterbau verfügt und jeweils nur mit ad-hoc-Hypothesen arbeiten muß. Dennoch gesteht *Ossowski* (1961) diesen statistischen Kategorien zu, daß sie zu Einheiten sozialer Ungleichheit werden können, und zwar dadurch, daß die den Forschungsberichten zugrundegelegten statistischen Kategorien durch immer wiederkehrende Publikation einen entsprechenden Prozeß der Bewußtseinsbildung auslösen. Die sich manifestierende Ideologie ist die der oben erwähnten individuellen Chancengleichheit. Sie geht davon aus, daß die soziale Stellung eines Individuums ausschließlich das Ergebnis individueller Fähigkeiten und Anstrengungen sei. Der strukturelle Aspekt der sozialen Ungleichheit bleibt meist im Hintergrund. Der Schluß liegt nahe, daß die bestehende Ungleichheitsstruktur als gegeben hingenommen wird, innerhalb derer man sich individuell bewegen kann. Damit ist diese Konzeption neben die zweite zu stellen, obwohl sie nicht als Operationalisierung der funktionalen Konzeption verstanden werden kann.

Die Problematik der Ungleichheitskonzeptionen liegt darin, daß sie auf die Frage des Planers, nach welchen Kriterien die Gruppierungen sozialer Ungleichheit abzugrenzen sind, keine zuverlässige Antwort geben. Bleibt die erste Konzeption den Beweis nach wie vor schuldig, daß die soziale Ungleichheit allein bzw. ursprünglich durch Produktionsverhältnisse oder Macht- und Herrschaftsverhältnisse bedingt ist, so ist der zweiten vorzuwerfen, daß sie theoretisch geblieben ist und bisher kaum der Versuch unternommen worden ist, sie zu operationalisieren, um damit ihre (Un-)Brauchbarkeit festzustellen. Gegen die dritte Konzeption ist schließlich einzuwenden, daß sie den Hauptnachteil teilt, der bei der Verwendung von demographischen Variablen (im weiteren Sinne) auftaucht: nämlich die Ungewißheit, daß die auf diese Art gebildeten Kategorien tatsächliche Verhaltenskategorien sind.

4.3.3 Forschung über die soziale Ungleichheit

Dahrendorf (1967) und *Wiehn* (1968) bemerken, daß zwischen den Theoretikern und den Empirikern auf dem Gebiete der sozialen Ungleichheit eine Kluft besteht. Sie konnte bis heute nicht überbrückt werden. Sicher trifft es zu, daß sich die Theoretiker wenig um die Empirie gekümmert haben. Sie entwickelten nach *Dahrendorf* nur Paratheorien und hielten sich nicht an die wissenschaftstheoretisch notwendigen Voraussetzungen zur Entwicklung einer empirischen Theorie. Andererseits kann aber auch nicht gesagt werden, wie *Wiehn* behauptet, daß bisher ohne theoretische Orientierung geforscht worden sei. Die Kluft zwischen Theorie und Empirie beruht vielmehr auf einer theoriefernen Forschung und der Annahme, daß die Theorie bereits gewisse Fragestellungen gelöst habe.

Im Bereiche der sozialen Ungleichheit ist kaum je eine umfassende Fragestellung herausgearbeitet worden. So sind nie alle Probleme erfaßt und dargestellt worden. Es besteht auch bei weitem keine begriffliche Einigkeit über soziale Ungleichheit. Von vielen Autoren ist zwar die Problematik der sozialen Ungleichheit als eine der wichtigsten in der Soziologie angesehen worden. Die meisten Theoretiker versuchen zwar, ihre Theorie in den Rahmen der allgemeinen Soziologie zu stellen. Oft wird dies nur teilweise realisiert, und zum anderen werden gewisse wissenschaftstheoretische Unzulänglichkeiten der allgemeinen Theorie auch in diesen Bereich übertragen. Außerdem hat die Forschung gewisse theoretische Aussagen als gesichert angesehen, bevor sie überhaupt überprüft worden sind. Annahmen, die zu einem bestimmten hypothetischen Ergebnis geführt haben, sind nicht in empirischen Untersuchungen überprüft, sondern direkt technologisch verwendet worden.

Je nachdem, welcher theoretische Ansatz bevorzugt wird, sind entweder Klassen, Schichten oder eine Prestigehierarchie Gegenstand der Forschung. In diesem Sinne besteht also durchaus eine Verbindung zwischen Theorie und Empirie. Zum Teil werden diese Annahmen implizit gemacht, namentlich von Forschern, die glauben, durch eine Ansammlung von möglichst viel Daten zu einer theoretischen Generalisierung zu gelangen.

Die Forschungen zum Thema der sozialen Ungleichheit sind nicht zu zählen. Die folgende kurze Übersicht ist weder vollständig noch systematisch. Sie ergänzt beispielhaft die im vorangegangenen Abschnitt gemachten Ausführungen über die grundsätzlichen Konzeptionen sozialer Ungleichheit.

4.3.3.1 Prestige und Ungleichheit

In zahlreichen Forschungen steht der Prestigeansatz im Vordergrund. Er ist nicht unabhängig von theoretischen Überlegungen. Geht man mit den Funktionalisten von einem gemeinsamen Wertsystem aus, das einerseits die gemeinsamen Ziele und die zu deren Erreichung erlaubten Mittel festlegt, aber andererseits auch die Grundlage abgibt für die Bewertung der einzelnen Positionen, die sich nach der Wichtigkeit ihres Beitrages zum gemeinsamen Ziel richtet, steht der Aspekt der Wertschätzung, also des Prestiges einer Position, im Vordergrund.

Besitz und Einkommen, aber auch Macht spielen eine untergeordnete Rolle. Sie sind lediglich Mittel zur Erfüllung von mit der Position verknüpften Aufgaben, Anreize zur Einnahme der Position und auch gleichzeitig Belohnungen für die korrekte Ausführung der mit der Position verknüpften Aufgaben. Dies deshalb, weil das moralische Universum als vorgegeben angenommen wird und nicht gefragt wird, wie es dazu kommt, daß diese Ziele und nicht andere zu den gemeinsamen erklärt werden und daß diese Mittel und nicht andere zur Zielerreichung gestattet sind.

Auch bei den Forschern, die sich *Max Weber* (1964) verbunden fühlen, nimmt das Prestige einen wichtigen Platz ein. Als Antwort auf *Marx* hat *Max Weber* verschiedene, gleichzeitig nebeneinander bestehende Hierarchien festgestellt: Besitz- und Einkommensklassen, Prestigegruppen und eine politische Machthierarchie.

Autoren, die an diese Unterscheidung anknüpfen, sind z. B. *Kahl* (1957), *Mills* (1959) und *Mayer/Buckley* (1969). Das Prestige ist bei ihnen verbunden mit der wirtschaftlichen und politischen Dimension. Theoretisch ist der Zusammenhang zwischen diesen drei Dimensionen nie gelöst worden. Man beschränkt sich meistens darauf, festzustellen, daß zwischen ihnen eine mehr oder weniger große Abhängigkeit besteht. Zur Illustration werden einzelne Fälle angeführt wie etwa der „Neureiche", der einkommens- und besitzmäßig auf der gleichen Stufe steht wie die längst Etablierten einer bestimmten Gemeinde, der aber in bezug auf das Prestige nicht als gleichwertig angesehen und behandelt wird.

4.3.3.2 Einige Ergebnisse der Prestigeforschung

(1) Berufsprestige

Die berufliche Position wird vielfach als das geeignetste Kriterium zur Erstellung einer Prestigehierarchie angesehen. Es ist, wie noch zu besprechen sein wird, das Kriterium, das nach statistischen Tests am meisten zur Prestigedifferenzierung beiträgt. Dabei vermengen sich die Ansätze der Funktionalisten und der Schüler *Max Webers*: Die Funktionalisten leiten die Wichtigkeit des Berufs direkt von den zentralen Werten einer Gesellschaft ab. Für die auf Weber ausgerichteten Forscher ist der Beruf ebenfalls der wichtigste Prestigeindikator. Dies allerdings mit anderer Argumentation. Besitz und Einkommen des Vaters bestimmen die Erziehung des Sohnes. Damit ist dessen Beruf bestimmt. Einkommen, Besitz und Beruf wie auch Machtstellung bestimmen das Prestige weitgehend. Sie sind ausschlaggebend für den Lebensstil. Die Art und Weise, wie das Einkommen ausgegeben wird, d. h. der Lebensstil, hängt von kulturellen Werten und Normen ab. Der Beruf ist zentraler Indikator.

Die bekannteste Untersuchung ist wohl die NORC-Studie (*Reiss*, Jr., 1961). Es handelt sich dabei um eine nationale Prestigestudie, die 90 Berufe hierarchisch gliedert. Für marktforscherische Zwecke haben *Moore* und *Kleining* (1968) in Deutschland ebenfalls eine, wenn auch gröbere, Prestigeskala ermittelt.

(2) Andere Prestigestudien

Zu den frühesten amerikanischen Untersuchungen gehören Studien über Prestigeklassen in Gemeinden. In Deutschland haben *Bolte u. a.* (1966) eine Studie über Prestigedifferenzierungen in Wohngemeinden durchgeführt. Er ist dabei auf verschiedene Prestigeskalen gestoßen, die nebeneinander bestehen können, und hat auch in den verschiedenen Gemeinden unterschiedliche Intervalle an unterschiedlichen Stellen festgestellt. *Mayntz* (1958) hat in der Industriegemeinde Euskirchen mit Hilfe eines multiplen Index gezeigt, wie sich die Bevölkerung auf die einzelnen Statuspositionen verteilt. Im Gegensatz zu den meisten anderen Schicht- und Mobilitätsstudien hat sie den Statusaufbau nicht nach eigenem Ermessen oder „anhand typischer Fälle" in fiktive Schichten gegliedert, sondern hat geprüft, ob Einschnitte in der Verteilung der Bevölkerung solche Schichtgrenzen zeigen. *Mayntz* stellte drei solche Einschnitte fest.

Scheuch (1961) hat durch ein anderes Verfahren versucht, die Verteilung der gesamten Bevölkerung Deutschlands auf einer Prestigeskala darzustellen. Er hat die Verteilung nicht nach den jeweils ermittelten Prestigepunkten vorgenommen, sondern hat sie anhand typischer Fälle in sieben Schichten unterteilt.

Zahlreiche Autoren haben untersucht, wie die Bevölkerung selbst die Gesellschaft geschichtet sieht. Interessant ist dabei der Vergleich, inwieweit die vom Soziologen in ein Prestige- oder Schichtungsbild eingeordnete Gesellschaft mit den Sichtweisen der Bevölkerung übereinstimmt. Dies ist in den USA mehrmals durchgeführt worden, in Europa dagegen nur von *Mayntz* in der oben erwähnten Studie. Ergebnisse aus den USA (*Kahl*, 1957) stimmen mit denen von Mayntz weitgehend überein: Die Soziologen zeichnen in ganz bestimmter Weise gegenüber der Bevölkerung ein „verzerrtes" Bild von der Schichtstruktur. In der BRD ist von *Daheim* (1970) eine Studie über die Vorstellung der Bevölkerung über den Schichtaufbau durchgeführt worden. In ähnlicher Richtung haben *Moore* und *Kleining* (1968), *Popitz u. a.* (1967), *Scheuch* (1961) und *Mayntz* (1958) gearbeitet. Es werden unterschiedliche Schichtmodelle genannt, wobei Berufskategorien häufig vorkommen. Auch die Anzahl der unterschiedenen Schichten variiert. Dabei konnte man für bestimmte Bevölkerungsgruppen spezifische Schichtvorstellungen nachweisen. Leute mit hohem Prestige und langer Ausbildung denken eher in Berufskategorien. Beamte, Handwerker, Angestellte und Kaufleute denken eher in Gesellschaftsschichten. Facharbeiter bevorzugen oft ein Modell, kombiniert aus Beruf und Einkommen, während ungelernte Arbeiter meist Einkommensmodelle verwenden.

Die Schichtvorstellungen ändern sich aber nicht nur von Bevölkerungsgruppe zu Bevölkerungsgruppe, sondern auch von Bezugsrahmen zu Bezugsrahmen. Je nach der Situation werden unterschiedliche Schichtmodelle gesehen. Dies zeigt z. B. die Arbeit von *Popitz u. a.* (1967), der vor allem Arbeiter nach ihren Schichtvorstellungen in bezug auf ihren Arbeitsplatz untersuchte. Die meisten Arbeiter, die überhaupt über ein Gesellschaftsbild verfügten, dachten in dichotomischen Klassenkategorien. Die anderen erwähnten Studien zeigen diese Dichotomisierung nicht. Derartige Unterschiede können auf den unterschiedlichen Bezugsrahmen in der Befragung zurückgeführt werden.

Bolte u. a. (1966) verfaßten eine Typologie über die Abweichung von Selbst- und Fremdeinschätzung. Sie zeigten typische Unterschiede auf, die sich zwischen der Selbsteinordnung und der Einordnung durch andere oder durch Forscher ergeben. *Bolte* versucht auch anhand der Studien von *Daheim* und *Mayntz* die Prestigekorrelation zwischen Einkommen, Beruf und Gesamtprestige zu erfassen. Wie andere Autoren findet er, daß diese Faktoren nicht unbedingt miteinander korrelieren. Genauer untersucht hat *Kahl* (1957) die Korrelation zwischen den zur Messung des sozio-ökonomischen Status verwendeten Kriterien. Er hat 219 Männer zwischen 30 und 49 je nach 19 verschiedenen Indices befragt. Er kam zu folgendem Resultat: Alle 19 Indices messen mit verschiedenen Graden von Zuverlässigkeit die gleiche Dimension, nämlich den sozio-ökonomischen Status. Für grobe Analysen kann dieser gemeinsame Faktor als eine einzige Dimension aufgefaßt werden. Eine verfeinerte Aussage weist aber bereits darauf hin, daß die 19 Indices zwei gemeinsame Faktoren aufweisen. Der erste besteht aus Indices, die auf verschiedene Weise die Beschäftigung oder mit ihr eng verbundene Variablen wie Erziehung, Selbstidentifikation und die Rangierung durch den Interviewer selbst messen. Der zweite setzt sich aus den Indices zusammen, die ökologische Merkmale und das Prestige der Eltern, der Ehefrau und dasjenige des Subjekts selbst messen. Die beiden Faktoren sind für den größten Teil der Varianz verantwortlich.

(3) Das Prestige und die Bildung sozialer Einheiten

Die Prestigeposition, die den Lebensstil wiedergibt, führt zur Bildung von Prestigegruppen. Die Bildung von Prestigegruppen hängt wesentlich mit der Art und Weise der Selbsteinschätzung zusammen. Im allgemeinen wird die Ansicht vertreten, daß die Bildung von sozialen Einheiten auf der Basis des Lebensstils erfolgt. Eine abweichende Auffassung vertreten jene Forscher und Theoretiker, die auf der marxistischen Klassentheorie aufbauen.

Unterschiede sind festgestellt worden in der Mitgliedschaft bei sogenannten freiwilligen sozialen Gebilden. Je höher die Prestigelage, um so mehr partizipieren die betreffenden Individuen in solchen Organisationen. Ferner ist die Exklusivität solcher Gruppen untersucht worden. Hohe und niedrige Prestigegruppen zeigen mehr Exklusivität. Unterschiede in der Wertorientierung und im Konsumverhalten sind ebenfalls festgestellt worden.

Mit unterschiedlichem Prestige ändern sich auch die familiären Verhaltensweisen. Das Sexualverhalten ist unterschiedlich. Die Erziehung der Kinder differiert. Unterschiedliche Verhältnisse zur Religion sind prestigeabhängig. *Laumann* (1966) untersuchte, inwieweit intime Interaktionen vom Berufsprestige abhängen. Er fand, daß vergleichbare Lagen in bezug auf das Berufsprestige der verantwortliche Faktor für die Bildung von verschiedenen Arten von Intimverhalten zwischen den entsprechenden Personen ist.

Die Gleichartigkeit der Position gab vor allem den Ausschlag für das Entstehen von Freundschaften. Freundschaft mag somit sehr wichtig sein für die Erhaltung von Ungleichheitsstrukturen, da sie vor allem auf gleichen oder ähnlichen Ansichten, Überzeugungen und Verhaltensweisen in bezug auf die Klassenlage, die Prestigelage, die ökonomischen Verhältnisse und die politischen Überzeugungen basiert.

Laumann griff auch wieder auf ein bereits von *Sorokin* (1964) postuliertes Konzept zurück: Es handelt sich um das *Konzept des sozialen Raumes.* Unter Benützung dieses Konzeptes zeigt er, daß es verschiedene Ballungen von Intimbeziehungen aufgrund des Berufsprestiges gibt. Unten und oben in der Hierarchie ist die Prestigelage bestimmender Faktor. Laumann schloß aus diesem Resultat auf die Existenz von sehr starken „ingroups" in den Extremlagen. In der Mitte fand er eine große Heterogenität. Nicht nur der Faktor Berufsprestige, sondern auch andere Kriterien wirken sich hier auf die Bildung von Intimgruppen aus. Dies scheint die These zu bestätigen, die auch *Bolte* (1966) vertritt, daß

in den Mittellagen keine Korrelation zwischen Berufsprestige und wirtschaftlichen und politischen Überzeugungen festzustellen ist.
Unterschiede in Einkommen und Besitz führen zu unterschiedlichen Berufen und damit zu unterschiedlichem Prestige, weil in den leistungsorientierten Industriegesellschaften die Stellung im Beruf letztlich von der Bildung abhängt. Hier zeigt sich aber auch das Paradoxon der so oft betonten Leistungsgesellschaft, weil gleichzeitig bei allen Forschern eine eindeutige Abhängigkeit zwischen der beruflichen Stellung des Vaters, dessen Einkommen und Besitz einerseits und der Schulbildung andererseits seiner Nachkommen besteht.
Für die auf Marx aufbauenden Forscher und Theoretiker steht vor allem die Bildung des Klassenbewußtseins im Vordergrund. Sie versuchen nachzuweisen, daß eine proletarische Klasse an sich immer noch existiert und weshalb es noch nicht zur Bildung eines entsprechenden Klassenbewußtseins gekommen ist. *Bottomore* (1967) ist der Auffassung, daß Marx in seiner Beschäftigung mit den sozialen Klassen und dem Klassenkonflikt einem Vorurteil erlegen ist. Er hatte andere soziale Kräfte zur Interessenkristallisation nicht gesehen (z. B. den Nationalismus). Marx vernachlässige noch weitere Beziehungen und Formen der Ungleichheit. Er findet, nicht Marx habe es versäumt, seine Theorie zu prüfen, sondern seine Nachfolger hätten kaum versucht, die marxistische Theorie an anderen historischen Situationen zu überprüfen. Bottomore weist nach, daß sich die Struktur der Einkommens- und Besitzverteilung in den westeuropäischen Industriegesellschaften seit 1911 nicht gewandelt haben. Interessant ist, daß *Mayer* für die USA zu ähnlichen Ergebnissen kommt, daraus aber andere Schlüsse zieht. Allenfalls hat sich eine Umverteilung in bezug auf Einkommen, Besitz und Bildung in den obersten Bereichen ergeben: die obere Mittelklasse hat, relativ gesehen, einen etwas größeren Besitzanteil erlangt. Bottomore weist schließlich die These der Verbürgerlichung der Arbeiter zurück.
Eine interessante Studie hat auch *Baethge* (1970) unter dem Aspekt der Klassentheorie in bezug auf die Verhältnisse zwischen Industrie und Bildung auf verschiedenen Ebenen in Deutschland vorgelegt. Er kommt zum Ergebnis, daß die Verfilzung zwischen wirtschaftlicher und politischer Macht dazu führt, daß der Nachwuchs nur einseitig auf spezialisierte technologische Aufgaben vorbereitet wird. Daneben erhält das Individuum nur rudimentäre Erkenntnisse über andere Lebensbereiche vermittelt, was dazu führt, daß sie sich in diesen Gebieten nicht selbständig bewegen können. Dies wiederum unterstützt die Perpetuierung der bestehenden Machtverhältnisse.

4.3.4 Kritik an Theorie und Forschung über die soziale Ungleichheit

(1) Methodische und begriffliche Einwände

Die mangelhafte theoretische Orientierung in der empirischen Schichtungsforschung mündet nicht nur in eine soziographische Beschreibung ohne theoretische Absicht. Sie führt darüber hinaus zu einer begrifflichen Unsicherheit und einer ausschließlich pragmatisch-empiristischen oder einer statistischen Rechtfertigung der Methoden.

Die Anwendung von statistischen Verfahren zeigt oft Blindheit gegenüber wichtigen sozialen Tatbeständen, wie z. B. gegenüber der Problematik verschiedener Prestigeskalen, ihrer Hierarchisierung und Erklärung. Probleme werden verwischt, weil man nur so weit geht, wie die Methoden reichen. Korrelationsrechnungen über den statistischen Beitrag, den gewisse statusbestimmende Faktoren wie Besitz, Einkommen, Konsumgüter, Wohngegend usw. zur „statistischen Erklärung“ eines gleichzeitig erhobenen Prestiges liefern, erklären noch nicht, wie diese Faktoren aus der Sicht der soziologischen Theorie zusammenhängen. Zudem werden bei statistischen Verfahren Extremwerte, die häufig konträre Fälle darstellen, nicht berücksichtigt. Fälle, auf die unsere Vermutungen nicht zutreffen und uns deshalb erst recht interessieren sollten, werden unterschlagen. Seit die Statistik zur Quantifizierung gesellschaftlicher Verhältnisse verwendet wird, wird sehr oft auf die Verfolgung jener Probleme verzichtet, auf die man keine statistischen Prüfverfahren anwenden kann oder diese für die betreffende Aufgabe noch nicht entwickelt worden sind. Vielfach wird theoretischen Ansätzen auch nicht nachgegangen, weil vor der Entwicklung der dazu notwendigen Instrumente zurückgeschreckt wird. Die empirische Abstinenz der Theorie der sozialen Ungleichheit führt andererseits zur Begriffssoziologie, wie z. B. in der Diskussion um den funktionalistischen Ansatz. Man streitet sich über Begriffe und Definitionen. Dabei kann einerseits erst die empirische Forschung deren Tragweite nachweisen. Andererseits ließe sich in dieser Hinsicht die Sprache des einen Autors meist in die des anderen übersetzen.

(2) Bewußtsein, Werte und Normen, soziale Distanz

Ein großer Teil der traditionellen Ungleichheitsforschung vernachlässigt fast gänzlich die subjektiven Aspekte. Vielfach wird mit den erhobenen „objektiven“ Daten über Ungleichheit spekuliert, ohne sie bereits vorher zum Gegenstand der Untersuchung gemacht zu haben. Das Vorbeisehen am Umstand, wie der einzelne und Gruppen verschiedenster Art ihre Lage, ihre Lageveränderung und die anderer in der Sozialstruktur sowie die Veränderung der Sozial-

struktur selbst sehen, hat zu erheblichen Mängeln in der Ungleichheitsforschung geführt.
Die Werte und Normen auf den verschiedenen Ebenen der sozialen Organisation, die für die Ungleichheit relevant sind, werden vernachlässigt. Indem man nach sogenannten „objektiven“ Faktoren Grenzen festgelegt hat und an ihnen die Mobilität als Übergang mißt, wird außer acht gelassen, ob diese Grenzen für die betrachteten Menschen auch wichtig sind. Man weicht der Frage aus, ob es nicht innerhalb derart arbiträr festgelegter Einheiten Gruppierungen gibt, die Grenzen anderswo sehen und auch anders als dargestellt erfahren.

(3) (Berufs-)Prestige und persönliches Ansehen

Das Prestige ist eine der problematischsten Erscheinungen, mit der sich die Ungleichheitsforschung befaßt. Oft werden „allgemein bekannte Berufe“ vorgegeben, um Selbsteinschätzungen als Angleichungen zu erhalten. Dabei wird übersehen, daß anhand von Stereotypen gemessen wird. Die Funktion von Stereotypen im Zusammenhang mit Prestige ist wenig erforscht. Die Bemühungen, die Distanz zwischen den einzelnen Prestigepositionen zu messen, sind selten, weil man dazu den Faktenhaufen nicht mehr mit den herkömmlichen statistischen Verfahren „verarbeiten“ kann.
Die Kontinuität von Prestigeskalen wird willkürlich angenommen. Aus diesem Vorgehen läßt sich auf die unreflektierte Annahme einer einheitlichen Wert- und Normstruktur auf seiten der Gesellschaft und auf eine einheitliche Motivationsstruktur auf seiten der Individuen schließen.
Erklärungen mit dem Aussagegehalt, der über die mittels Korrelationen errechnete Feststellung hinausgeht, daß das Prestige vom Einkommen, dem Besitz, der Bildung, der Macht usf. abhängig sei, fehlen fast gänzlich. Die Abhängigkeit zwischen Prestige und den prestigebestimmenden Faktoren ist kaum je in den Kategorien soziologischer Theorie formuliert worden. So wird z. B. in den meisten Untersuchungen zur Messung von Prestige nicht berücksichtigt, daß die Einschätzung je nach „Subkultur“ sich an unterschiedlichen Kriterien orientiert. Der schichtspezifischen Wert- und Normstruktur wird wenig Beachtung geschenkt. Oft wird diejenige des Forschers als umfassend vorausgesetzt. Zudem zeigt sich gerade in der Prestigeforschung, daß die einseitige Entwicklung des Meßinstrumentariums ohne soziologische Hypothesen, die das Messen erst sinnvoll machen, nichts einbringt.
Ähnlich verhält es sich mit dem Problem, ob in die Erhebungen von spezifischen Prestigearten nicht auch anders bedingte Prestigekategorien eingehen und wie es mit der Gewichtung der prestigebestimmenden Faktoren steht. Das Verhältnis von Einzel- und Gesamtprestige, falls es letzteres gibt, ist ebenfalls noch recht ungenügend erforscht. Ungeklärt bleibt das Verhältnis von Prestige und An-

sehen. In theoretischen Schriften ist zwar immer wieder auf diesen Unterschied hingewiesen worden. In den Untersuchungen hat er aber indes kaum Beachtung gefunden.

(4) Der Beruf als zentrale Kategorie

Ungleichheit wird meist in der Dimension des Berufs betrachtet. Die Beschränkung auf den Beruf der männlichen Bevölkerung kommt einer willkürlichen, unbegründeten Eingrenzung des Ungleichheitsbegriffes gleich. Man geht von der stillschweigenden Annahme aus, daß der Beruf des Vaters maßgebend sei für sämtliche von ihm abhängigen Familienmitglieder, was zumindest in den heutigen industrialisierten Gesellschaften problematisch scheint. Die willkürliche Beschränkung auf den Beruf von Männern einer bestimmten Altersklasse führt zu Verzerrungen. Wichtige Gruppen, z. B. Jugendliche, Alte, Frauen, werden dadurch arbiträr eingeordnet. Ein großer Teil der für die Ungleichheit relevanten Dynamik wird so aus dem Blickfeld gedrängt.

Die Versteifung auf den Beruf als entscheidendes Kriterium reißt die betrachteten Populationen willkürlich aus ihrem sozialen Kontext. Anderen Aspekten der Vergesellschaftung wird kaum Rechnung getragen. Die vielfältige Gruppenzugehörigkeit und die Stellung der betrachteten Menschen in diesen Gruppen werden vernachlässigt. Es scheint, daß gerade der Einbezug des Gesichtspunktes der sozialen Lebenslage und des Grades ihres Bewußtwerdens für die Betrachtung von sozialer Ungleichheit fruchtbar ist, indem sie ein zusätzliches Erklärungsspektrum öffnet.

Gegen die Berufsgruppen, die zur Konstruktion hierarchischer Systeme verwandt werden, lassen sich aber auch andere schwerwiegende Einwände vorbringen. Die Einteilung in Berufskategorien ist zu grob, und die einzelnen Gruppen vereinigen zu viele heterogene Berufe. Die hierarchische Anordnung von Berufsprestigegruppen aufgrund repräsentativer Erhebungen oder Expertenbefragungen ist eine zweifelhafte Operationalisierung von gegebenen Systemen sozialer Ungleichheit. Die Zahl der in der Gliederung unterschiedenen Berufskategorien ist willkürlich, bestimmt aber indirekt die Häufigkeit der gemessenen Übergänge und damit den Grad der Mobilität. Die zugrunde gelegten Hierarchien von Berufsgruppen erlauben ferner keine Aussage über die soziale Distanz, die durch die einzelnen Bewegungen überwunden wird.

(5) Endimensionalität und Vergleichbarkeit

Die Beschränkungen in der implizierten Motivation und in bezug auf das Prestige geben Anlaß zu Bedenken, ob das Phänomen der sozialen Ungleichheit nicht mehreren Einflußgrößen unterworfen ist und somit mit eindimensionalen Parametern wirklichkeitsfremd erfaßt wird. Es ist seit *Weber* von verschiedensten Autoren auf die Mehrdimensionalität hingewiesen worden. In der Forschung hat man immer wieder versucht, die unterschiedlichen Dimensionen mittels statistischer Verfahren und unter Zuhilfenahme arbiträrer Gewichtungsfaktoren eine eindimensionale Betrachtung zu konstruieren, ohne daß dies in irgendeiner Weise von der soziologischen Theorie her begründet gewesen wäre. Theoretische Vermutungen über den Zusammenhang dieser Faktoren und ihre Überprüfung auf Angemessenheit würden dann vielleicht darauf verweisen, daß sie nicht auf einen gemeinsamen Nenner gebracht werden können.

Schichtbilder sind nur nützlich, wenn sie für Vergleiche zwischen Gesellschaften oder zwischen verschiedenen Zeitpunkten verwendbar sind. Solche Vergleiche müßten aber eine konstante statische Struktur in den vergleichenden Fällen voraussetzen, um Unterschiede feststellen zu können. Für Vergleiche müßten sie auf den gleichen strukturellen Merkmalen basieren. Oder sie müßten gleiche, nicht durch strukturellen Wandel hervorgerufene Mobilität voraussetzen, um Strukturunterschiede bestimmen zu können. Da bei Vergleichen fast immer mit Strukturunterschieden gerechnet werden muß, verändert sich zwischen den zu vergleichenden Fällen die Basis (Schichten, Positionsstruktur, Bedeutung von Berufs- und Ausbildungskategorien usw.), die der Messung von Einheiten sozialer Ungleichheit und Mobilität zugrunde gelegt werden.

4.4 Planungsrelevanz

Bei der Komplexität der Problematik der Mischung der Bevölkerung ergeben sich für die Planungspraxis erhebliche Schwierigkeiten der Umsetzung theoretischer Entwürfe in konkrete Aktion. Die zentrale Schwierigkeit besteht darin, daß bisher keine Diskussion geführt worden ist, welche konkreten Ziele in bezug auf gesamtgesellschaftliche Wertvorstellungen in der Planung verwirklicht werden sollen. Diese Zieldiskussion kann selbstverständlich nicht von Planern allein geführt werden. Wissenschaft und Politik sind daran ebenso zu beteiligen. Diese Auseinandersetzung würde die latent wirkenden Zielkonflikte aufdecken und alle Beteiligten zwingen, Zielhierarchien aufzustellen im Bewußtsein der mit verschiedenen Alternativen jeweils verbundenen sozialen Kosten. So können unbewußt wirkende gesellschaftliche Leitbildvorstellungen reflektiert und damit Planungsentscheidungen einer rationalen Prüfung unterzogen werden.

Unabhängig von den verschiedenen Ansätzen über soziale Ungleichheit kann beispielsweise bei Annahme des obersten Zieles „offene Gesellschaft“ bzw. „(Chancen-)Gleichheit“ folgende Aussage gemacht werden: Räumliche Segmentierung darf nicht als strukturierendes Element sozialer Ungleichheit angesehen werden. Sie ist ausschließlich als Indikator dafür zu sehen. Trotzdem ist zu diskutieren, ob bei Aufhebung räumlicher Segmentierung subkulturelle Verhaltensweisen, die dem Prinzip der offenen Gesellschaft widersprechen, abgebaut werden.

Es ist nicht zu übersehen, daß der bisherige Stand der Forschung über Mischung der Bevölkerung, insbesondere aber über soziale Ungleichheit nicht ausreicht, um dem Planer (außerhalb von Problemen über Zielvorstellungen) konkrete Hilfestellung zu gewähren. Die weitere Forschung wird sich insbesondere jenen Fragen anzunehmen haben, die sich auseinandersetzen mit dem Maß, in dem soziale Ungleichheit verhaltensbestimmend ist. Daneben geht es darum, jene Indikatoren herauszuarbeiten, mit denen Ungleichheit tatsächlich gemessen werden kann.

Zusammenfassung

In der vorliegenden Arbeit wird versucht, einige Fragen, die sich im Zusammenhang mit raumrelevantem Sozialverhalten stellen, aus soziologischer Sicht anzugehen. Die Arbeit gliedert sich in zwei Teile. Der erste beschäftigt sich mit Problemen der Dichte und Dichtemessung, während im zweiten Teil das Schwergewicht auf Fragen der Mischung (soziale Ungleichheit) der Bevölkerung liegt.
Einleitend wird auf spezifische Probleme der Planungspraxis, wie das Fehlen allgemein verbindlicher gesellschaftlicher Leitbilder, die Diskussion um optimale bzw. maximale Dichtewerte und die Frage der Berücksichtigung des sozialen Wandels bei der Festlegung rechtlicher Rahmenbedingungen, eingegangen. Im weiteren wird versucht, einen kurzen Überblick über die wenigen theoretischen Ansätze zu geben, die sich mit raumbezogenem Sozialverhalten beschäftigen. Das zweite Kapitel bringt eine Kritik der Verwendung technischer Dichtemaße in der Planung. In diesem Zusammenhang wird insbesondere die Unzulässigkeit betont, aufgrund von quantitativen Maßzahlen qualitative Aussagen machen zu wollen.
Der zentrale dritte Abschnitt beschäftigt sich mit dem Komplex Dichte und soziales Verhalten. Ausgehend von der Tatsache, daß objektiv gleiche Dichtewerte subjektiv sehr unterschiedlich empfunden werden, wird versucht, einen theoretischen Bezugsrahmen zur Erfassung des „Dichteerlebnisses" zu finden. Das abschließende vierte Kapitel bringt eine Kritik der Zielvorstellungen der Planer aus soziologischer Sicht (Organismus als Leitidee, Problematik der Homogenität und Heterogenität, u. a. m.) sowie eine Diskussion des Phänomens der Mischung (Darstellung verschiedener theoretischer Ansätze und methodischer Probleme der Erfassung gesellschaftlicher Ungleichheit).

Summary

This book takes up from the sociologic viewpoint some questions which arise in connection with social behavior with respect to living area. The work is divided into two parts. The first deals with problems of population density and its measurement, the second part emphasizes the question of integration.

The introduction presents specific problems of practical planning, such as the lack of general obligatory models of social patterns, the discussion of optimum, i.e. maximum density values, and the consideration of social changes when legal conditions are established. Furthermore, the authors give a short survey of the few theoretical approaches dealing with social behavior in the living area. The second chapter criticizes the use of technical density measurements in planning. In this context it is emphasized that qualitative statements should not be made by using quantitative numbers.

The central third section deals with the complex population density and social behavior. Considering the fact that objectively equal density values are perceived subjectively in a different way an attempt is made to define a theory that includes the density phenomenon.

The concluding fourth chapter gives a criticism of the aims of planning from a sociologic point of view (organisms as basic idea, problems of homogenety and heterogeneity, etc.) as well as a discussion about the phenomenon of integration together with the presentation of the different theories und methods to register social inequality.

Résumé

Nous essaierons dans cet essai d'aborder d'un point de vue sociologique certains problèmes qui touchent au comportement social dans le domaine de l'espace vital. Ce travail comporte deux parties. La première partie traite des problèmes de la densité et des mesures de la densité, tandis que dans la deuxième partie l'accent est mis sur les questions d'hétérogénéité sociale dans la population.

On commencera par considérer quelques problèmes spécifiques à la pratique de la planification tels que le manque d'objectifs sociaux géneraux et obligatoires, tels que la discussion en vue d'une densité optimale ou maximale et la question de tenir compte de changements sociaux lors de la fixation d'un plan général légal. On essaiera ensuite de donner un bref aperçu des rares recherches théoriques concernant le comportement social par rapport à l'espace vital. Le deuxième chapitre fournit une critique de l'utilisation des mesures techniques de densité dans la planification. A ce propos on soulignera en particulier l'inadmissibilité de vouloir émettre des déclarations qualitatives basées sur des données quantitatives.

La partie centrale (la troisième) traite le complex densité et comportement social. Considérant le fait que des valeurs de densité objectivement égales peuvent être ressenties subjectivement de manières très différentes, on essaiera de trouver un cadre de références théoriques pour la compréhension de „ l'expérience de densité ". Le chapitre final fournit une critique sociologique des conceptions des planificateurs (l'organisme en tant qu'idée directrice, les problèmes d'homogénéité et d'hétérogénéité) ainsi qu'une discussion du phénomène de la complexité (présentation des différentes manières méthodiques d'approche théorique et des problèmes concernant la compréhension des inégalités sociales).

Literaturverzeichnis

Albers, G.: Der Dichtebegriff in Städtebau und Landesplanung. In: Die Gliederung des Stadtgebietes, Veröff. der Akademie für Raumforschung und Landesplanung. Hannover 1968.

Atteslander, P., u. R. Girod: Soziologische Arbeiten I. Bern/Stuttgart 1966.

Atteslander, P., u. J. Oetterli: Die soziologischen Aspekte zur Problematik der Regionalisierung. In: Bearbeitung von Leitlinien für die Formulierung der regionalwirtschaftlichen Entwicklungsziele und deren Umsetzung in Raumplanung. Bern 1972.

Atteslander, P., u. B. Hamm: Materialien zur Siedlungssoziologie. Köln 1974.

Atteslander, P. (Hg.) Soziologie und Raumplanung. Berlin 1974 (in Vorbereitung).

Bächtold, R.: Kritische Auseinandersetzung mit der Nachbarschaftsidee als Planungsgrundlage. Eidgenössisches Bureau für Wohnungsbau, Bern 1970.

Baethge, M.: Ausbildung und Herrschaft. Frankfurt a. M. 1970.

Bahrdt, H. P.: Die moderne Großstadt. Hamburg 1961.

Berndt, H.: Das Gesellschaftsbild bei Stadtplanern. Stuttgart 1968.

Bolte, K. M., D. Kappe u. F. Neidhardt: Soziale Schichtung. Köln/Opladen 1966.

Borchard, K.: Zur Problematik städtebaulicher Orientierungs- und Richtwerte. In: StadtBauwelt, Heft 51/52, S. 267–269, 1969.

Bottomore, T. B.: Die sozialen Klassen in der modernen Gesellschaft. München 1967.

Boustedt, O.: Zur Bedeutung des Dichtebegriffs in der Raumordnung und Landesplanung. In: Mitteilungen der deutschen Akademie für Städtebau und Landesplanung. 11. Jahrg., Sonderdruck Düsseldorf 1967.

Brehm, I. W.: A Theory of Psychological Reactance. New York 1966.

Chombart de Lauwe, P. H.: Famille et habitation, 2 Vols. CNRS. Paris 1959.

Cohen, A. K.: Abweichung und Kontrolle. München 1968.

Daheim, H. J.: Der Beruf in der modernen Gesellschaft. Köln 1970.

Dahrendorf, R.: Pfade aus Utopia. München 1967.

—: Gesellschaft und Demokratie in Deutschland. München 1965.

Davis, K., u. W. E. Moore: Some Principles of Stratification. In: American Sociological Review, 10/2, 1945.

Dewey, R.: The Neighborhood, Urban Ecology, and City Planners. In: American Sociological Review. 15, 1950.

Duncan, O. D. u. B.: Residential Distribution and Occupation Stratification. In: American Journal of Sociology 60, S. 493–503, 1955.

Egli, E.: Studie über die Anwendung von Ausnutzungsziffern. In: Schweizerische Vereinigung für Landesplanung. Zürich 1965.

Elsasser, B.: Die Schweiz ist noch nicht übervölkert. In: Tages-Anzeiger vom 1. 7. 1972. Zürich 1972.

Etzioni, A.: The Active Society. London/New York 1968.

Festinger, L., S. Schacht u. K. Back: Social Pressures in Informal Groups. London 1950.

Gans, H.: The Balanced Community. In: Journal of the American Institute of Planners 27, S. 176–184, 1961.

Geiger, Th.: Arbeiten zur Soziologie. Darin: „Eine dynamische Analyse der sozialen Mobilität" und „Typologie und Mechanik der gesellschaftlichen Fluktuation". Neuwied 1962.

Hamm, B.: Betrifft Nachbarschaft. Bauwelt Fundamente Bd. 40. Düsseldorf 1973.

Hawley, A. H.: Human Ecology: A Theory of Community Structure. New York 1950.

Helms, H. G.: Kapitalistischer Städtebau. Neuwied/Berlin 1970.

Homans, G. C.: Theorie der sozialen Gruppe Köln 1960. (Original: The Human Group. New York 1950.)

Hübner, H.: Richtwerte und Werturteile. In: StadtBauwelt, Heft 51/52, S. 270–272, 1969.

Hyman, H.: The Relation of the Reference Group to Judgements of Status. In: Bendix R./S. M. Lipset: Class, Status and Power. New York 1965.

Ipsen, G.: Stadt. In: Handwörterbuch der Sozialwissenschaft 9. 1956.

Kahl, I. A.: The American Class Structure. New York 1957.

Keller, S.: The Urban Neighborhood. New York 1966.

Klages, H.: Planungspolitik. Stuttgart 1971.

Kleining, G., u. H. Moore: Soziale Selbsteinstufung. In: K⁷fSS, 20. Jg. 3, S. 502–552, 1968.

Kolaja, J.: Social System and Time and Space. Pittsburgh 1969.

Korte, H. (Hg.): Soziologie der Stadt. München 1972.

Krysmanski, R.: Bodenbezogenes Verhalten in der Industriegesellschaft. Münster 1967.

Laumann, E. O.: Prestige and Association in an Urban Community. Indianapolis 1966.

Lehmann, A.: Dichtevorstellungen in der Regionalplanung. In: Mitteilungen der deutschen Akademie für Städtebau und Landesplanung. 11. Jahrg., Sonderdruck Düsseldorf 1967.

Lensky, G. E.: Power and Privilege: The Theory of Social Stratification. New York 1966.

—: Status Crystallization: A non-vertical Dimension of Social Status. In: American Sociological Review 19, 1954.

Leyhausen, P.: Ein Verhaltensforscher zur Ökologie des Menschen. In: Tages-Anzeiger vom 9. 9. 1972. Zürich 1972.

Linton, R.: The Tree of Culture. New York 1957.

Lowinsky, H.: Dichtevorstellungen in der Regionalplanung. In: Mitteilungen der deutschen Akademie für Städtebau und Landesplanung. 11. Jahrg. Sonderdruck Düsseldorf 1967.

Mackensen, R.: Soziologische Folgen der Wohndichte. In: Mitteilungen der deutschen Akademie für Städtebau und Landesplanung. 11. Jahrg., Sonderdruck Düsseldorf 1967.

Malewski, A.: The Degree of Status Incongruence and its Effects. In: Lipset/Bendix: Class, Status and Power. New York 1966.

Mannheim, K.: Mensch und Gesellschaft im Zeitalter des Umbaus. Darmstadt 1935.

Mason, W. S., u. N. Gross: Intra-Occupational-Prestige-Differentiation – The School Superintendency. In: American Sociological Review 20, 1955.

Maurer, J.: Berechnung der Siedlungsflächen. Blatt 511542/1968 des ORL-Instituts der ETH Zürich.

Mayer, K. B., u. W. Buckley Class and Society. New York 1969.

Mayntz, R.: Soziale Schichtung und sozialer Wandel in einer Industriegemeinde. Stuttgart 1958.

McKenzie, R. D.: The Ecological Approach to the Human Community. In: American Journal of Sociology 30, 1924.

Mills, C. W.: The Power Elite. New York 1959.

ORL-Bericht: Schriftenreihe zur Orts-, Regional- und Landesplanung, Nr. 2, November 1969. Landesplanerische Leitbilder der Schweiz. Erster Zwischenbericht. Zürich 1969.

Ossowski, S.: Die Klassenstruktur im sozialen Bewußtsein. Neuwied 1961.

Pahl, J.: Dichtevorstellungen im deutschen Städtebau der Gegenwart. In: Mitteilungen der deutschen Akademie für Städtebau und Landesplanung. 11. Jahrg. Sonderdruck Düsseldorf 1967.

Park, R. E.: The City: Suggestions for the Investigation of Human Behavior in the City Environment. In: American Journal of Sociology 20, 1915.

Pfeil, E.: Großstadtforschung. Entwicklung und gegenwärtiger Stand. Hannover 1972.

Popitz, H.: Der Begriff der sozialen Rolle als Element der soziologischen Theorie. Tübingen 1967.

Popitz, H., u. a.: Das Gesellschaftsbild des Arbeiters. Tübingen 1967.

Reiss jun., A. J.: Occupation and Social Status. Glencoe 1961.

SARO-Gutachten: Gutachten des Sachverständigenausschusses für Raumordnung. Stuttgart 1961.

Scheuch, E.: Sozialprestige und soziale Schichtung. In: Kölner Zeitschrift für Soziologie und Sozialpsychologie. Sonderheft 5, Köln 1961.

Silbermann, A.: Vom Wohnen der Deutschen. Köln/Opladen 1963.

Simmel, G.: Soziologie. Untersuchung über die Formen der Vergesellschaftung. Leipzig 1908.

Sorokin, P. A.: Social and Cultural Mobility. Glencoe/London 1964.

Spencer, I., I. Tuxford u. N. Dennis: Stress and Release in an Urban Estate. A Study in Action Research. London 1964.

Stevenson, A., E. Martin u. J. O'Neill: High Living. A Study of Family Life in Flats. Melbourne 1967.

Stokols, D.: A Social-Psychological Model of Human Crowding Phenomena. In: Journal AIP, März 1972.

Stromberg, K.: Wie frei macht Stadtluft heute. In: Umwelt aus Beton oder Unsere unmenschlichen Städte. Hrsg. von Uwe Schultz. Reinbek 1971.

Szabo, D.: L'étude de la societé urbaine. Synthèse de recherches. In: Bulletin de L'Institut de Recherches Economiques et Sociales de l'Université de Louvain. Louvain 1953.

Tenbruck, F.: Zu einer Theorie der Planung. In: Wissenschaft und Praxis, Festschrift zum zwanzigjährigen Bestehen des Westdeutschen Verlages. Köln/Opladen 1967.

Thibaut, I. W., u. H. H. Kelley: The Social Psychology of Groups. New York 1959.

Timms, D. W. G.: The Urban Mosaic. Towards a Theory of Residential Differentiation. Cambridge 1971.

Waterhouse, A.: Die Reaktion der Bewohner auf die äußere Veränderung der Städte. Berlin/New York 1972.

Weber, M.: Wirtschaft und Gesellschaft. Köln 1964.

Wiehn, E.: Theorien der sozialen Schichtung. München 1968.

Wurzbacher, G., u. H. Kipp: Das Verhältnis von Familie und öffentlichem Raum unter besonderer Berücksichtigung der Bundesrepublik Deutschland. In: Die Familie als Sozialisationsfaktor. Stuttgart 1968.

Zapf, W.: Theorien des sozialen Wandels. Köln/Berlin 1969.

—: Zur Messung der Lebensqualität. In: Zeitschrift für Soziologie 1/4, 1972.

Personen- und Sachregister

Kolibri 360 GmbH
Ferdinand-Jühlke-Straße 7
99095 Erfurt, Deutschland
produktsicherheit@kolibri360.de